江戸情報論

岩下 哲典 著

北樹出版

凡例

一、本書の叙述においては、なるべく江戸時代に使用された用語を用いることとした。例えば「オランダ」と「阿蘭陀」に関しては、一応次の様に区別した。「オランダ」は、一般的な名称、「阿蘭陀」は、当時の固有な名称に用いる。但、その線引きに明確さを求めることは現時点では困難と思われる。

一、江戸時代の用語の中には、現代においては差別的用語として避けるべきものも多く認められる。本書では、そうした用語も用いている箇所があるが、用語を用いて差別を助長するものでは決してなく、もとよりいかなる差別も解消されなければならないと考えるものである。本書では、歴史叙述の上でやむを得ず使用していることを了承されたい。

はじめに

今日の社会では、情報なくして、国家も企業も個人も一日たりとも存続できないような状態になっている。また情報管理のずさんさが致命的な瑕瑾(かきん)となりかねないような社会的状況がある。

忘れもしない、一九九九年九月三〇日。茨城県東海村にある核燃料加工会社の工場で、会社ぐるみのいいかげんな作業から、「起こってはならない」「信じられない」と評される、ウランの核分裂による臨界事故が発生した。新聞報道、TV報道などで伝えられるところでは、工場が救急車の出動を要請したときは、核関連の事故であることを伝えず、臨界で被ばくした作業員を搬送した救急隊員が、無防備状態で接したため不幸にも被ばくしたという。また、東海村に事故を伝達したのも事故発生から一時間あまりたっていたというし、茨城県や国に伝わったのもかなり遅く、政府が事故対策本部を設置したのは事故発生から五時間後ということで、対応の遅さを批判された。一瞬のうちに中性子や放射性物質が放出されるこの種の事故への対応としてはお粗末というしかない。阪神・淡路大震災でも情報伝達の遅れを指摘された訳だが、ここでも活かされなかったといわれても仕方あるまい。

現在でも被ばく者の数は増えて六九人に上ったという(一九九九年一〇月一六日現在。なお、同年一二月二一日、「染色体がずたずたにな」るほどの大量の放射線を浴びた、加工会社社員大内久さんが亡くなった。ご冥福をお祈りするとともに二度とこのような事故が発生しないことを関係機関に望みたい）。臨界を終結させるための水抜き作業でも、やむを得ない緊急作業で設定されている年間被ばく量を超える量をあびたといわれている。最初の事故の被ばく、それが周囲に拡散したことに伴う被ばく、空中に浮遊した放射能の塵が雨などで地上に降ってくることによる汚染などを考えると、今後の人的な被害は計りしれないものがある。それも私たちは何世代にもわたって苦しまなければならないかもしれないのだ。

さらに伝えられるところでは、国は、原子力発電所など大規模な核関連施設には査察を行っていたが、今回事故を起こした、こうした民間工場の検査に関しては六年も前からほとんどしていなかった実態も明らかになった。今なお広島、長崎には、米国によって投下された原子爆弾の後遺症に悩む人々がいる我が日本の現状を考えると、憤りを通り越して呆れ果てる。

呆れ果てるといえば、ＪＲ西日本の山陽新幹線施設の劣化コンクリート問題も深刻だ。今、この時間も新幹線は走っている。トンネルが、橋梁が危ないというのに列車を走らせているその無神経さに腹が立ち、呆れる。なぜ、全面的に止めて、補強しないのか。本当に安全というなら社長以下役員全員が交替で毎日何本かの新幹線に乗るほどやらないとだめだ。そのくらいの保証が必要だと思う。役員の命に代えてもという姿勢が大事だ。中国政府は、国内の航空会社に対して二〇〇〇年の一月一日に社長が自社の航空機に乗るように通達したという。このくらいでなくては危なくて安心できない(一九九九年一二月中旬、JR西日本は、全面的な検査を終了したことを運輸省に報告し、一応の安全宣言が出された形にはなっている)。

生命の危険といえば、横浜市立大学病院の患者取り違え手術事故も、カルテという患者にとって一番大事な記録が、取り違えられてしまったことによって、つまり患者に関する情報伝達のミスによって最初の取り違えが起こり、心臓の手術室に肺の手術予定者が搬入され、肺の手術室に心臓疾患の患者が送られてしまった。そして後戻りできないトンネル現象が、手術室の中で進行した。

トンネルの闇は暗い。日本という国は、ほんとに真っ暗な、先の見えない恐ろしいトンネルの中をなにも知らずに突き進んでいるようにさえ思う。

出口はあるのか。

光明は見えるのか。

実に個人的なことだが、大学四年生のとき私は、酔っ払った友人Hを送っての帰り、下北沢で乗り継ぐべき京王線の終電に乗り遅れた。当時住んでいた渋谷の下宿に一人歩いて戻る羽目に陥ったのである。帰り道がわからなかったので、京王線の線路づたいに歩いて行くことにした。渋谷の手前に

「神泉」という駅があり、「神泉」のトンネルを抜けるとすぐ渋谷駅だ。私は安堵してトンネルに入って行った。一、二分歩いたころだろうか。それまでついていた電灯が一瞬にして消えた。あたりは真っ暗闇。先も後ろもわからない。全くの闇。このときほど、闇がこわいと思ったことはなかった。先に進むか、後ろに戻るか。私は思案した。そのとき私の脳裏をかすめたのは、もし先に進んでなにかの穴にでも落ちたら困る。出口に扉があって、それが閉まっていたらまた、こわいこの闇を歩いて戻らなくちゃならない。だったら戻るしかない。今来た道は少なくとも安全だった。私は方向転換して今来たと思われる道をたどった。トンネルの壁を手さぐりで歩いた。しだいに目も慣れ、また、出口（つまり私が入った入口）の方から「神泉」周辺のネオンサインから漏れてきた。あの光が見えたときは、こんなにうれしかったことはなかった。戻って正解だったと今でも思っている。

かくして、私はこの個人的体験から、今、私たちの国や社会が進んでいる暗闇のトンネルから抜け出すには、後戻りして過去を見つめること、過去から、歴史から、なにかを学ぶことがヒントを与えてくれるのではないかと多くの人々に呼びかけたいのである。なかんずく私は江戸の情報に関心があるので、江戸の情報環境から現代の情報問題を考える素材を提供したいと思う。情報はすべての人にかかわりのあるやっかいな問題でもあるので、きっとなんらかのヒントを得ていただけるのではないか。これがこの本を書いた理由である。読者の忌憚のないご批判を仰ぎたい。

目次

VI 関連文献の解題 175

VII 情報各論 215

STAGE Ⅰ

江戸の庶民と情報

● *Summary*

情報は、食物から摂取される栄養とともに人間が生きていく上にどうしても欠かせないものである。人間は、自分を取り巻く周囲の環境からのさまざまな情報を取り込んで、つまり、情報を収集して分析し、利用して生きているのである。本書ではしばしばこれを情報活動と名づけていく。人は情報活動を行わずして一時たりとも生きていられない。

それゆえにこの情報活動は、あらゆる時代を越えてなされる営みである。もちろん江戸時代でも行われていた。むしろ、庶民から支配者まで広く多くの人が行っていた。

かくして『江戸情報論』最初のステージは、江戸のごく普通の庶民がどんな情報活動をしていたのかを描いてみたい。まずは、一人の医療技術者をめぐる出世譚に例をとって江戸の庶民同士の情報活動をえぐり出す。つぎに江戸と北陸の間の地域間情報伝達と情報の中身の検討、そして庶民的情報活動の環境を幕府による海外情報の管理と統制との関連で取り上げてみたい。

一　江戸庶民のコミュニケーションルート
——破門されて幸運をつかんだ男の場合——

四月は人事異動の時期である。いってみれば、四月とは日本社会全体が大変不安定な時期に突入したといえると思う。おそらく四月から五月ぐらいが一年で一番に不安と期待が入り交じった人が多い、社会的に不安定な時期だと思う。

この時期よく「あの人は上につながっているからなぁ」などということがある。優遇されていたり、出世が早かったりしたとき、羨望と嫉妬と諦念の入り交じった気持ちでこんなふうにいわれる。「上につながる」とはなかなかうまい表現である。単に「コネがある」というのとはちょっと違う。「コネがある」というとかなりどぎつい。しかし「上につながる」というのはどういうことか。今風にいえば、上と円滑なコミュニケーションルートがあるということなのだろう。では、上とコミュニケーションルートがあるということはどういうことなのだろうか。私の専門である近世史料の中から具体的に述べてみよう。史料は「藤岡屋日記」[1]。江戸の古本屋藤岡屋由蔵が文化元年（一八〇四）から慶応四年（一八六八）まで綴りに綴った、記録集成である。文化一〇年（一八一三）のころのこととし

て次のような話が載っている。(2)

幕府の医学館総裁多紀氏の弟子で青柳玄順という者がいた。若気の至りから師匠に破門され、やむを得ず裏店に住んで「按摩取り」を生業（なりわい）としていた。ある日例のとおり幕府の御蔵前（現在の浅草蔵前）を笛を吹きながら通ったところ蔵宿（札差ともいう。蔵米取りの旗本の米を売買して、手数料をとった商人）伊勢屋に呼ばれた。伊勢屋では若旦那の治療をさせようとしたらしい。ところが玄順の身なりがあまりにも「むさくろしき故ニ」若旦那の治療はさせられないとあいなった。それを見ていた二番番頭の金兵衛が「気の毒ニ思ひ」、幸い自分は肩がこっているので治療してくれといって治療させたところなかなかの巧者でよく効いた。この金兵衛は少々医術の心得があったので、治療の合間にだんだん医術の話になった。金兵衛がいろいろ問いかけると、もともと医者の玄順には一つとして答えられないものはなかった。金兵衛は感心して明日も治療に来てほしいと頼んだのであった。かくして次の日も、玄順は金兵衛の治療をし、医術談義に花が咲いた。すると昨日の按摩が巧者ならば「奥」へ通せとのことになった。しかし身なりの見苦しいことはこの上もなかったので前掛けとたすきをさせて治療をさせた。身なりこそひどいが、元御殿医の弟子なれば、「言語さハやかにして、貴人といへ共恥」しくない。また玄順は軍書も読んでいたので、若旦那の「軍書好」の趣味にも合い、毎日毎日治療をさせてもらうことができるようになった。その上風邪などが流行したときなどは玄順に薬を調合させるとまでなったのである。しかし伊勢屋の旦那は心配でもあったのであろう。店の文治郎という者に玄順がどんな家に住んでいるのかを見てくるように申し付けた（当時これを「宿見」といった）。文治郎は玄順の家が「めも当てられぬ有り様」だったが、旦那には「宜敷様取成（よろしきようとりな）」したのである。玄順はこのことを後で知って文治郎に対してたいへん感謝したとのことであった。

さて、この伊勢屋の本家はさらに大きな蔵宿であった。本家伊勢屋の奥方がこのたび懐妊したが、大変な冷え症でずいぶん患っていた。お出入りの医師はいうに及ばず御殿医にも診察させたが、いずれも「懐妊ではない。血の固まりなので下した方がよい」との見立てであった。この話は分家の伊勢屋でも評判だったとみえて、玄順の耳にも入った。玄順は「自分に診察させてほしい」と旦那や金兵衛にも頼んでみたが、「御殿医まで来ているところへそこもとが行っても見せてはくれまい」と難色を示した。玄順は「そんなことはございません。御殿医は来るだけでも支度代として一貫文も要求するけれど、わたしは行っても三十二文です。なにとぞ病人の脈を取らせてください」と懇願した。金兵衛は日頃、医術談義をしていることから「診察させても苦しくないのでは」と旦那にとりなした。それではということになって三人打ち連れて本家へ向かった。

玄順は金兵衛の古着を貸してもらい、本家の番頭庄兵衛と庄五郎に対面した。金兵衛が、玄順の医術巧者のことを話し、「ものハためし」、診察させてやってほしいと頼み込んだ。二人の番頭は「この際だから」と早速承知し、「奥」に取り次いだ。はじめ「奥」は承知しなかったが、二人の番頭が「この際だから」と強く説得したため、「それでは」ということで、玄順は病床に通された。この日も御殿医のお歴々が顔を揃えていたが、玄順、「おめず臆せず」診察して「まさに懐妊」と見立てた。その場にいたお歴々はすぐさま「懐妊ではない。血の固まりだ。はやく体外に出さねばならん」と反論。玄順と胎論にまで発展した。玄順のいっていることの方が合理的であったが、「悲しき哉、按摩取なり」と日記の著者か、はたまた著者にこの話をした者のコメントが挿入される。

玄順一人対御殿医・出入りの医師という構図となり、家の中も二派にわかれ、薬鍋も両派が別々に用意して、それぞれの二つの薬を「こちらをせんじて呑ません」ということになった。

現代では一人の医者にかかることが多いのでこんな場面に遭遇することはほとんどないといってよいだろう。大学病院などは絶対そんなことが起こりそうもない場所だ。もし起こったとしたら権力の弱いものが弾き飛ばされる。まさに玄順のケースは、教授とぶつかって大学病院を追放された若い医者が、別の大病院で、またまた院長以下居並ぶ先輩医師たちとは違う診察を堂々と述べたようなものである。こんなことになれば、その病院にもいられなくなるのだが（実はそれは患者のためには全く不利益なことであるが）、玄順の場合は、患者側から助け船が出た。すなわち番頭庄兵衛と庄五郎が「玄順さんの言うとおりならわたしたちより扶持を出しましょう。しかし、もし見立てが違っていたらどうされるおつもりか」と玄順に問いただした。玄順は「わたしの見立てが違っていたらわたしは生涯稼業を辞めて、この場所を通らない」との決意を示した。生業を辞めて、この場所も通らないというのだからかなりの自信があったようだ。するとに番頭は医師たちに向かって「各々様方は如何なさいますか」と質した。医師たちは玄順の言につられて「我々とてももし懐妊であればご当家に出入りすることはない」と口々に申し立てた。このとき番頭は「皆様は大勢ですので見立てが正しくても扶持を差し上げるのは難しいので、お礼（一時金）を差し上げます」と断っている。なかなか大きな店の番頭ではある。扶持はある期間続くものであるが、お礼はその場限りだからである。

かくして薬用の段になって、またまた二人は「玄順は生さんとなれバ是吉也、御医師方は殺下さんとなれバ是凶也、善を捨て悪を取るいわれなし」と説得したので、家内上下ともに屈服して、玄順の薬を用いることとなったのである。ここには論理のすり替えがみられるが、玄順の薬を用いるにはこのような言語表現が必要だったのだろう。「生かす」「吉」「善」、「殺す」「凶」「悪」という絶対的価値が人々の共通認識として強く存在していたことをうかがわせるし、それをあえて口にすることで聞く者に強烈に印象づける表現でもあったのだろう。

さて気になる結果は、玄順の見立てどおり懐妊で、三日後に奥方は「雪隠」で急に産気づいて「安産」であった。この時代は「安産」というのは母体が安全であれば「安産」だった。それはこの次にくる記述に明らかである。「初の内ニおろし薬をもちいし故ニ小児死しけり」、つまりはじめに医師たちが血の固まりとして下し薬を使ってしまったので胎児は死んでしまっていたのである。このころは医療事情が悪く子供は早世しがちであったので、ある程度の年齢にまで育つ以前は、「神の子」として育てられたことと関係があろう。母体の安全が保たれれば「安産」というのがおわかりいただけたと思う。

話を玄順に戻そう。かくして「大勢の医師方ハ一言の申訳も無」く皆出入り禁止となり、玄順一人が本家分家の両伊勢屋のお出入り医師となった。これが出世の糸口となり、玄順は、両家の手当てで浅草鳥越の表店に診療所を構え、近所の評判もよろしく、診療所の前は門前市を成す有り様。ついに江戸中の評判となって、ほどなく幕府の御目見医師にあげられた。

この話には、「上につながる」というコミュニケーションルートというものが具体的に記述されていると思う。まず最初に、身なりの貧しい玄順がつながったのは、金兵衛である。彼はたまたま伊勢屋という大店、それも旗本の蔵米を売りさばくという半ば公的金融機関、蔵宿の番頭で、その上医療・医術に関心があった。その彼が、たまたま肩が凝っていたことが幸いした。金兵衛が玄順にみさせたところ、とてもよく効く。また話も合った。馬が合ったというか、趣味が合ったのだった。この出会いが非常に大事だった。金兵衛は明日も、といってくれた。そして玄順もそれをすっぽかすことなく約束を守った。金兵衛を治療していると伊勢屋の「奥」から声がかかった。

ここで「奥」を説明しておこう。ここでいう「奥」は伊勢屋の主人のプライベートな居住空間で、その日常生活を支える場である。家族の居住する空間といってよいだろう。「奥」を総括するので「奥方」であり「奥様」なのである。したがって見ず知らずの、素性の知れないものが「奥」に入り込むことはまずあり得ない。考えてみればよくわかるのだが、他人を寝室に入れるなどといったことは、ごくごく親しいか、かなり特殊な関係でないと起こらないことだ。ついでに述べれば、「奥」に対応する言葉は「表」である。「表」は、伊勢屋でいえば、「見世」（店）と「帳場」などであろう。つまり実際に営業を行う部分である。この「表」の統轄者が「番頭」なのである。金兵衛は「表」の統轄者の一人なのだ。

「奥」でも玄順は、身なりこそひどいものの「言語応対さハやか」に振る舞い、なおかつ今度は若旦那の趣味に合う「軍書」の話で盛り上がる。言語と振る舞いのさわやかさと教養が、若旦那をはじめとする伊勢屋の人々を大いに信用させたのである。かくして伊勢屋の「表」より「奥」までの信頼を勝ち得た玄順は、お出入り医師となることができた（このとき玄順は薬を所持していなかったので処方箋を書いて薬種屋に調合させていたという。今でいう医薬分業の先駆け)。これには、「宿見」をした文治郎の温情あふれる報告も預かって力があった。

そして今度はこの伊勢屋の本家筋にもルートができる。本家の「奥方」が病んでいた。玄順は、診察させてほしいと希望した。おそらくその真意はお世話になっている分家伊勢屋へのお礼だったように思う。このときの対応者が本家の番頭、庄兵衛と庄五郎。本家の「表」の統轄者である。この二人は分家の旦那と金兵衛が連れてきたみすぼらしい玄順にも、この際だからと診察を認める。これもまた大事なルートだった。庄兵衛と庄五郎と分家の旦那と金兵衛の信頼関係があったればこそである。あるいは、日頃から玄順のことを聞いていたのかもしれない。二人の番頭が、「奥」に掛け合うが、「奥」は最初から「うん」とはいわない。「奥」はガードが固いのである。しかし庄兵衛と庄五郎の強いすすめで一気に「奥」に通される。あとは先に紹介したとおり、玄順の能力と勇気が試される……。

私がこの話から思うのは「上につながる」ということは、段階をおって上に上に、それも深いところにつながっていくということであり、そのコミュニケーションルートを活かすには、その道の卓越した能力・知識に裏づけられた勇気とどんな趣味の人とも合わせられる(露骨な迎合ではない)教養とそれを表現する言語対応のさわやかさが必要不可欠だということだ。まさに玄順はそれを兼ね備えていた……。

まさに、不安定な四月向きの話ではないだろうか。ある政治家は、「目配り、気配り、金配り」で権力の頂点に立ったというが、「目配り、気配り」はできるとして、金のないわれわれ（私だけかもしれないが）は、せめて「言語対応さハやか」にすることで、人生の幸運をつかみたいものである。しかし、「人生の幸運」とはなにかとなると、またそれは人それぞれで一概ではないが…。

二　江戸より到来した歌川国芳の政治風刺画
――庶民は幕府の内部情報を知り得たか――

(一) 再現・書翰の到来

嘉永三年（一八五〇）庚戌の残暑も過ぎようとしている八月二〇日。

越中高岡の産婦人科医・佐渡三良は、江戸に在住の弟から一通の書翰――人はこれを幕末維新風雲通信と呼ぶ――と、なにやら奇怪な戯画を受け取った。弟は、長州藩医坪井信道の門下生で、信道の長女牧（まき）と結婚して坪井信良と名乗っていた。信道の長男信友はまだ若く病弱で、師信道が二年前に亡くなってからは、信良が坪井塾の事実上の責任者として、食客塾頭大木忠益をして門生を教授せしめて、自らは、毎日訪れる病人の治療にあたり一家を支えていた。信良が越前藩に一〇人扶持で召し抱えられるのは、この時から、まだ三年かかるので、このころは、本当に苦しい時期だった。

兄は、弟が忙しい一日を終えて文机に向かってしたためた書翰を眺めながら、かなり大判の一勇斎国芳の戯画の一枚を手にとってみた。中央に被布の女が坐して文台に手をついている。その脇に「やぶくすし竹斎娘名医こがらし」と銘打ってある。

医者三良には、「やぶくすし竹斎娘名医こがらし」という文字が妙に黒々と見えるのだった。

突飛な書き出しであるが、蘭方医坪井信良の書翰集、『幕末維新風雲通信』[1]によって、若干の空想も交えて[2]、嘉永三年（一八五〇）八月八日付の佐渡三良宛坪井信良書翰が、三良にもたらされた様子をあえて再現してみた。

以下では、坪井の書翰に添えられた歌川国芳の錦絵戯画「名医（きたいな）難病療治」[3]を、坪井の書翰の情報によって読み解きながら、越中高岡と江戸の間の幕末における情報伝達とその内容に関して述べようと考えている。

（注）なお一九九一年一〇月刊行の稲垣進一・悳俊彦編著『国芳の狂画』（東京書籍）九二〜九三頁に「難病療治」がカラー図版で収録されているので参照されたい。

図I-二-1　きたいなめい医難病療治
（東京都立中央図書館東京誌料文庫蔵）

(二) どのような風刺画か

まずはじめに「名医(きたいな)難病療治」(以下単に「難病療治」と称す)に関して既に判明していることを記しておきたい。

「難病療治」に関して現在最もまとまって言及されているのは、南和男氏[4]である。そこで若干長くなるが引用させていただく。

六月十一日の配りで国芳画の「きたいな名医難病療治」が、通三丁目遠州屋彦兵衛より板行となる。やぶくすし竹斎娘名医こがらしという美人を真中に、美しい女のびっこ、御殿女中の大尻、一寸法師、あばた顔、疳癪もち、近眼、鼻なし、ろくろ首、歯痛などの難病者を治療している三枚続きの諷刺戯画である。(治療の仕方を説明、中略・岩下注)

ところが、七月に入って、女中の大尻は大奥の女中で「御守殿のしり迄つめる」という判読の評判がたち、絵は残らず売り切れるばかりか、売れに売れて摺りがまにあわないという状態になった。そのとき市中の評判は、近眼は老中阿部伊勢守正弘だ――鼻の先ばかり見えて遠くが見えないという意味。一寸法師は老中牧野備前守忠雅だ――万事心が小さい。びっこは寿明姫のことで、あまり背が低いので衣服が長すぎてまにあわず、足をつぎ足すとか、足駄と草履を左右にはかせるなどの評判であった。(中略)市中であまり評判となったため国芳は尋問をうけた。そのとき、私の新工夫ではなく文化二(一八〇五)

年式亭三馬の『一人娘二人婿嬲訓歌字尽』にろくろ首の娘のことがあり、それを描いたのだと返答している。

とにかくこの錦絵は大評判でよく売れるので方々で贋板が出た。その最初は、越前屋と板木屋太吉の共同であったが、のちに別々にそれぞれが彫足したので二通りの板木（それぞれ三枚続）となり、めいめい勝手に板行した。三番目は伊三郎（一枚）、四番目は芝口三丁目和泉屋宇助（一枚）、五番目は釜屋藤吉（一枚）というように六板、本板を入れると七枚のものが板行されたわけである。一番最初、遠州屋彦兵衛が摺り出したときは卸売百枚につき二貫三百文であった。それがしだいに売れだしたので、二貫文に、さらに一貫六百文、一貫二百文と値下げしていった。贋板が出はじめたので売出しは百枚につき卸値一貫文または二朱となった。[5]（後略）

南氏自身述べられているとおり、右の記述の根拠は『藤岡屋日記』[6]である。したがって、南氏の説明は通説といってよいだろう。

『原色浮世絵大百科事典』[7]では第五巻風俗の「病気」に「難病療治」を取り上げて、「この図は、医者を風刺した幕末の絵である。中央に被布を着て坐っている女の傍らには『やぶくすし竹斎娘名医こがらし』と書入れがある。竹斎はやぶ医者の代名詞である。右側に『ちんば』とある娘は、西丸御簾中寿姫を諷したものという[8]」と説明を施している。

管見の限り、近代になって最も早く「難病療治」に言及したのは、大槻如電[9]であろう。如電は、ごく幼少の時分（六歳ごろと推定される）に「難病療治」を見て「不思議の絵であると思」[10]ったという。そして、竹斎娘は、当時江戸城大奥に権勢のあった上﨟姉小路局を風刺したものであるとして、姉小路のエピソードをいくつか紹介している。

以上により、「難病療治」は、やぶ医者のとんち療治にかこつけて、大奥で権勢を振るう姉小路局を主人公のやぶ医者に、阿部正弘や牧野忠雅、西丸簾中寿明姫などを難病者に見立てた、政治風刺画である。ただし、実在人物との比定は今まで述べた程度しかわかっていない。

（三）幕末風雲通信から

次に坪井の八月八日付書翰の、国芳の戯画にかかわる部分を引用しよう。

○御地小盗流行之趣、(ア)当地も当年物価飛揚、
　下黒米金壱両ニ付
　　四斗四五升位
(イ)別て西国中国筋大風雨之由ニて、民心不穏、(ウ)夜盗押込之類往々徘徊、盆前後彼此ニ被盗申候処之アリ、就中旗本之内、奥様殿様小児共三人被殺、余リ不覚之事ニ付、其家断絶ニ及申候者之アリ。
　本所伊予橋通リ　今村某（五百石計）

且又、小生懇意之士町家等少々之事ハ不遑数位之事也。右等之事故、街市ニハ諸役人之批判紛紜、即極々珍画出来申候。右売出シ候テ三日目ニ直ニ御禁止絶板ニ相成申候。併シ右之如キ板ヲ製申者ハ、従来御止メニ相成申候事ハ承知之上故、売出ス前ニ数万摺置申候事之由。又御留止ニ相成申候ト、世上ニ評判高キ様ニ相成、自然求手も多ク相成、例之風習ニテ一同朝市共争求ル様ニ成申故、始ハ三枚ニテ例之通リ六十文より八十文ニナリ、弐百三百五百文弐朱トナリ、昨今ニテハ壱歩壱歩弐朱ト云様ニ相成、愈々益買物多ク出来申候。小子ハ絵草紙屋ニ知人有之申候故、矢張安価ニテ入手仕候。即一通拝呈仕候。御熟見可被下候。但シ廟堂之様子諸邸之動静ヲ知ル者ニ非レハ不通解事ナレハ御慰ニも不相成哉トハ存シ申候得共、(エ)先年之分よりハ上々出来故拝呈仕候。大略申上候。右画之内、

(オ)竹斎娘ト有之ハ
綾小路ト申老女也
当時之大キケ物ニテ役人之
進退等多分ハ此人之指揮ニアリ[11]（以下略）

坪井の情報によれば、①江戸では、物価高騰や西国・中国筋の大風雨などによって人気が不穏となり、治安が乱れ、社会不安が高まっていた。②そのため市中では役人に対する批判から「判じ物」が売れている。③極めて珍画で発売三日目には発禁処分を受け絶版となったが、板元は発禁をみこして発売前に数万枚もあらかじめ摺り置いていた。④評判が高まったため、需要と供給のバランスがくず

れて、三枚六〇文が八〇文、二〇〇、三〇〇、五〇〇文、二朱、ついには、一歩、一歩二朱にもなった。⑤しかし信良は知人の絵草紙屋から安値で入手した。ただし幕府内部や諸邸の動静を知らないと絵の理解は難しい。⑥また先年分よりは上出来である。以上の情報は、先の通説を補ってあまりある情報である。このうち①は、他の史料によって確認が可能である。

まず①に関して書翰傍線部(ア)は、嘉永三年二月の江戸大火以来の物価高騰の状況を指し[12]、同じく(イ)は、四・五月から九州中国地方で断続的に降り続いている大雨である。九州地方では特に六月上旬、七月中下旬、八月上旬が特に激しい大雨となり、「所々大木吹倒し、家転ひ等甚多し」[13]という状況であった[14]。このため九州でも「雑穀直段次第ニ高直ニ相成、五月頃まてハ米壱俵三貫四百文位、大洪水・大風後ゟ直段引上、四貫百文位ゟ四貫八百文迄もいたし、諸雑穀是ニ応し、皆高値ニ相成」[15]ったのである。『藤岡屋日記』第四巻によればこの時、全国の五八大名から水損届が提出されたことが判明する[16]。坪井は、こうした天災が、「民心不穏」を生ぜしめ、(ウ)と記している。やはり『藤岡屋日記』によれば、「三月十九日夜浅草蔵前瓦町堀口と云札差へ盗賊忍び入、金子を奪取事」[17]以下八月八日までに五件の強盗関連記事がある。中でも坪井が「今村某」が断絶に至ったと報じている、本所御材木蔵同心中村又右衛門夫婦・小児殺害事件は『藤岡屋日記』でも誤報を含めて、数多くの情報が収集されている[18]。詳細は『藤岡屋日記』をみていただくとして、ともかく昨日までの隣人が金のために殺人鬼となり、主人が殺されても下女も知らぬふりというせちがらい御時世を象徴する事件であった。

以上より、坪井書翰の情報内容は正確で、なおかつ『藤岡屋日記』に記された「難病療治」に関する記述以外の新事実（②③④⑤）を提供するものであることが判明した。

（四）異なるニュースソース

坪井の書翰に記された「難病療治」の人物比定に関する論証は、別稿で述べたので[19]、ここでは、坪井の書翰と、「難病療治」の戯画、戯文の三者をそれぞれ提示して、それから得られる情報を読み取ってゆく。すなわちこれは、坪井の兄三良の得た情報と考えて大過ないであろう。

まず主人公「竹斎娘名医こがらし」（二二頁図版⑨）。坪井によれば「綾小路局」で、当時権勢があり幕府役職の人事権を握っていたとされる（傍線部㋔）。図でも最も中心にあって布団の上に堂々と坐し、被服も豪華である。戯文はない。

「あばた」（二二頁図版①以下同じ）。坪井によれば、「大痘痘（オオアバタ）ハ、当将軍様之事也（徳川家慶・岩下注）、故ニ態と女形ニ作ル。蓋シ女人之間ニ而已有之故男ニシテ女ナルノ形[20]」すなわち、十二代家慶で、大奥で女性に囲まれて生活するためにこのようにわざと女形に描かれたのだとする。下女姿で、戯文は、「あばた」に「私のような大あばたでも、この鉄（かね）でこしらえた面型をはめて、湯のにえ立つところへむしていると顔がふやけて、あばたがうまくついて、いい器量になりますとさ[21]」といわせている。『藤岡屋日記』では、「あばた、銅の面を当て、釜に湯をわかしてむし直し候処、精欠（ママ）ニや、（精姫・岩下注）故ハ右器量ニて、加賀をはぶかれ、金と威光ニて有馬へ取替遣し候なり[22]」とあって「あばた」は、家慶の養女で有栖川韶仁親王女の精姫に比定している[23]。この場合は、「判じ物」の解釈上の差違にすぎないが、坪井の情報は藤岡屋由蔵（ふじおかやよしぞう）とは異なるニュースソースをもっていたことが理解される。

「はななし」（図②）は、坪井によれば「御老中松平和泉守様ナリ、（三河西尾城主・松平乗全・岩下注）生来鼻梁甚タ低シ」という。若旦那風の男が作り物の天狗のような鼻をつけている。戯文は「われらはまた瘡で鼻が落ちやした。こちらが願ったところが、紙で鼻をこしらへてつけてくだされたが、至極妙でござるて」と「はななし」にいわせる。坪井は、生来鼻梁が低いと医者らしい発言をしているが、『藤岡屋日記』では「鼻なし、西尾ニや、蔦の紋付也、是ハ嫡子左京亮、帝鑑間筆頭を勤、男ハ□（不明）し、行列ハ五ツ箱、虎皮鞍覆自分紋付ニ疋を率、万事不足無之自慢ニ致し、鼻を高く致し居り候処ニ、六月五日ニ悴左京亮卒去、国替同様なりと云しと也[24]」としてかなりうがった見方をしている。戯画は六月一一日配りで、六月五日の死去の情報までは含まれないと考えられる。おそらくのちの付会であろうが、これも、坪井と藤岡屋の情報源の違いを示す一例であろう。

図③は名称を与えられていないが、戯文から「近眼」であることがわかる。坪井は「御老中執頭阿部伊セ守様ナリ、（備後福山城主・阿部正弘・岩下注）従来近眼ナリ」と報じる。戯文は、「イヤサ、拙者などは少し近眼でござる。きんかんと申してみかんの小さいのでござりませんが、ちか目でこまります所へ、こちらで百まなこへ遠目鏡をはめてかけろとの御指示、なかなか凡夫わざではござりません」と「近眼」にいわせる。坪井は「従来近眼ナリ」と記しているが、『藤岡屋日記』では、「近眼は阿部の由、鼻の先計見へ、遠くが見へぬと云なるよし[25]」と、やはり、医学的な見方と町人の政治風刺との違いを鮮明にしている。

「ちんば」（図④）は、坪井は「此人ハ過日御逝去之右大将様御廉中様ナリ。（寿明姫、秀子、一条忠良の女・岩下注）昨年京都より御下之節、道中輿中ニテ火傷ニテ足ヲ傷リ。実ハ其創大発ニテ先頃死セリ。是ニハ奇談アリ、略之。」としている。「ちんば」に関する戯文は、「ちんば」に下駄を履かせている「竹斎娘名医こがらし」の「弟子」、図⑤に次のようにいわせている。「お前は、片足短いか、片足長いのかだが、マア俗にびっこといふのだ。先生の御療治には、草履と下駄をはかせろとおっしゃるが、全体片々ちんばだから両方ちんばにして揃えてもいいね」。現代の感覚からすれば全くひどい文章である。こんないわれ方をされたのは、将軍継嗣家祥の室寿明姫である。『藤岡屋日記』でも「びっこは寿明印ニて、御下向前ニ御召衣裳も残らず出来致し居り候処ニ、御せい余り小く衣服長過て間ニ合兼候ニ付、下着計ニて足を継足し候よし[26]」と生来の体型に話を帰している。坪井と『藤岡屋日記』の記述を比較していえることは、坪井の情報は、具体的、科学（医学）的で、『藤岡屋日記』の情報は市中の噂・ゴシップ的であることがわかる。おそらく坪井の情報源は、坪井のもとに訪れる患者（特に幕臣・諸藩士）あるいは医者仲間で、藤岡屋とは異なるニュースソースだったと考えられる。

坪井によれば「桔梗之紋ニテ磁石ヲ持」つ「弟子」、図の⑧は、「酒井若狭守様ナリ、（越前小浜城主・酒井忠義・岩下注）八九年京都所司代ニテ大ニ重キ役ヲ持ノ者ナリ。先月二十八日漸々御役御免テ成タ所ガ、通列御老中ニ可成筈ナレトモ、元来アベ伊セ守様ト不睦故、唯々溜リ之間格テナリシ而已。位貴テ無権。永々之大役ムダニナリシ。」という。『藤岡屋日記』にはこの内部情報はとられていない。酒井忠義が所司代に在職したのは、天保一四年（一八四三）一一月より嘉永三年（一八五〇）七月二八日までで[27]、国芳の戯画制作後であるが、五月三日には帰府により参内[28]、六月朔日には江戸城御座間で将軍に御目見している[29]。したがって傍線部は、戯画そのものの説明とは区別すべきであろう。

坪井の書翰では、酒井の次に、図の⑯「一寸ぼし（法師）」を説いて「執政牧野備前守様ナリ（越後長岡城主・牧野忠雅・岩下注）」としている。『藤岡屋日記』ではさらに「一寸ぼしは牧野ニて、万事心が小さキとの事なるよし[30]」とみている。戯文は「一寸ぼし」をして「おれは、一寸ぼしで困るからお頼み申しましたら、高い足駄をはいて、長い着物を着て歩けとおっしゃったが、至極妙でござります。どう見ても一寸ぼしとは見えますすめえ」といわしめている。

牧野の脇に控えている図⑮「せんき」（疝気、睾丸の疾病による腰痛、下腹部の激痛の総称）は「右大将様之御側（徳川家祥・岩下注）、夏目左近様（左近将監信明・岩下注）、当時大ニ勢アリ。上ニ坐スルハ此故也」と坪井は記す。戯文は「せんき」の言で「わたくしのせんきは、きん玉大きくなって困りましたが、先生が水をとって後を小さなどびんをはめておいて下すったが、それから大きくなりません。これも誠に理詰な療治だ」とある。図はあぐらを組んだ中央部に土瓶が描かれている。夏目信明は当時家祥の御側御用取次[31]、家祥が一三代将軍家定となると本丸御側御用取次となった[32]。「せんき」は夏目であることは間違いないと考えられる[33]。

牧野の下方、図⑰は「人めうさう」すなわち人面瘡、坪井はこれを「御勘定奉行、久須美佐渡守様（祐明・岩下注）、御勝手御用を兼候故ニ米之番付ヲ持ツ」と述べる。戯文は「人めんさうに飯を喰われるがせつなさに願い出たら米屋の書出しを見せろとおっしゃるからこうしますがだんだん治ってきました」と記す。

嘉永三年[34]（一八五〇）当時、勘定奉行は勝手方が石河政平、松平近直、公事方が久須美祐明、池田頼方で、坪井の情報には久須美が御勝手御用を兼ねるとあるが誤りであろう。何故久須美なのかは別稿で詳述したので[35]ここでは、結論のみ記せば人々にとって久須美の印象が強かったと思われる。

次に図⑱「やせをとこ」。坪井は、「町奉行井戸対馬守様ナリ（覚弘・岩下注）、長崎奉行より急ニ江戸之町奉行トナル故痩者之急ニ肥笨ニナルニ譬フ」と報ずる。「やせをとこ」は「わたくしは痩て痩て困りますから先生に願いましたら生の豆をたんと丸飲みにして水をおもいきり飲めいわれました。そうした所が、こんなにはち切れるほどふとりやした。錫の徳利のへコミを直す工夫とおなし案塩だがなんと妙ではございませんか」と戯れる。井戸は、嘉永二年（一八四九）八月四日に突然、長崎奉行から町奉行に転役している。[36]また安政元年（一八五四）、日米和親条約締結交渉の日本側委員の一人となっているが、アメリカ側史料によると井戸の肥満は事実である。[37]したがって、⑰は井戸に間違いなく、体格の肥満と、急の昇進を風刺しているのは明らかである。

図⑲は「りんびやう」。坪井は「淋病、御老中、戸田山城守（下野宇都宮城主・戸田忠温・岩下注）様ナリ」という。風刺画の中の戸田忠温は「わしの病気、搗栗さえ喰えば治りますとサ、千金方という書物に搗栗淋病おいつかずという事がでていますとサ」と戯言をいうのである。

坪井はここまで人物比定を行った後で次のように述べ、戯画に関する記述を終えている。

　先々大略如此。尚デッシリ　出尻ト云事、癇積ロク〳〵ビ等ハ皆女中ナリ。才子も夫々役処アレトモ不明分、蓋シ皆々許多之批評ヲ含メリ。

以上ハ慢ニ御他言無之様願上候。[38]

全く「きたいな名医難病療治」にして「慢ニ御他言無之」代物であることがわかる。

（五）ペリー来航以前の情報ネット

宮地正人氏によれば、坪井信良の書翰はニューズレター的性格をもち、佐渡家では、この書翰をもとに時事を研究する集まりもあったといわれる。[39] とすれば、たとえ他言無用であっても信頼のおける仲間と、この「難病療治」を材料として当時の政治を論じた可能性もある。[40] とすれば、越中高岡のグループがつかんだ政治情報は、江戸の藤由（藤岡屋由蔵）よりも精度が高く、より具体的な政治情報と考えてよいだろう（次頁表参照）。つまり北陸知識人の有する情報と将軍のお膝元の市井の町人の情報では、前者の方が優位にあった場合もあったのである。考えてみれば、現代においても東京人以上に東京に詳しい地方の人はいるわけで当然のことである。ただこれまでのこの種の研究は、[41] ペリー来航後にみられるおびただしい黒船情報・政治情報の研究が中心で、ペリー来航以前に関しては、関心が薄かったように考えられる。もちろん史料上の制約や、またペリー来航以前の庶民の認識では、政治情報があっても、ペリー来航にかかわる情報以上の切迫性・重要性がなかったと考えられる。しかし、坪井の例が示すように、ペリー来航以前に既に日本全国には、江戸と直結した情報チャンネルを

表Ｉ-二-1　「難病療治」登場人物比定

「難病療治」登場人物	図版（22頁）	坪井信良書翰（注）	藤岡屋日記（注）
竹斎娘	⑨	老女綾小路（姉小路局）	
大痕痘	①	当将軍（十二代家慶）	精欠（ママ）（精姫）
鼻無	②	老中松平和泉守（乗全）	西尾（松平乗全）
近眼	③	老中執頭阿部伊勢守（正弘）	阿部（正弘）
跛足	④	右大将廉中（秀子、寿明姫）	寿明印
弟子（磁石持）	⑧	京都所司代酒井若狭守（忠義）	
一寸ぼうし	⑯	執政牧野備前守（忠雅）	牧野（忠雅）
疝気	⑮	右大将御側夏目左近（将監信明）	
人面瘡	⑰	勘定奉行久須美佐渡守（祐明）	
痩男	⑱	町奉行井戸対馬守（覚弘）	
淋病	⑲	老中戸田山城守（忠温）	
デッシリ	⑭	女中	
癇癪	⑫		
ロクロクビ	⑦		
才子	⑤⑩⑬	不分明	

（注）『幕末維新風雲通信』（東京大学出版会）、『藤岡屋日記』第四巻（三一書房）より作成。

もつグループがいくつも存在し、それぞれがさまざまな情報をとり合って、彼らも知らない間に大きなネットワークが形成されていたのではないか。ペリーの情報はそうしたネットワークを通じてたまたま最重要ニュースとして伝達されたのではないか。ペリーの来航情報は、個々のネットワークの容量をはるかに越える大きな情報だったために、個々のネットワークの壁がとり除かれて、より多くの人々を結びつけていったのではないか。それがいわゆる「近代社会」なのではないか。今回、嘉永三年（一八五〇）に越中高岡の佐渡家に到来した江戸の浮世絵師歌川国芳の風刺戯画をめぐってさまざまな考えが頭をかけぬけていった。

三　海外情報はなぜ民間に漏れたか

（一）長崎屋の異国人

「ことさらに唐人屋敷初霞」[1]という与謝蕪村の句がある。蕪村は、長崎に旅したことがないので、長崎の唐人屋敷に思いをはせたものだろう。ひょっとすると江戸日本橋本石町の長崎屋源右衛門方の阿蘭陀宿を詠んだものかもしれない。初霞がかかってよく見えなくても、「ことさらに」長崎屋は気になる。江戸の上下にとっても長崎屋は「ことさら」だったのである。

長崎屋のイメージを思い浮かべるには、葛飾北斎の描く『画本東都遊』を見ればよい。江戸参府の商館員もいれば、二本差もいる。父親の肩車にのっかった男児。扇子で顔を隠しながらも阿蘭陀人を見ようとする女。

狭い道路に面した外の眺めにはたいてい男の子がおり、我々の姿をちょっとでも捕らえると、とたんにきまって叫びをあげた。そして我々を見ようと、向かい側の家の塀の上によじ登っていることも時々あった。(2)

江戸の庶民にとって参府のオランダ人は、好奇心を満たす格好のターゲットだったと考えられるが、北斎の絵やオランダ人の記録からすると大騒ぎをしたのはむしろ子供で、大人は、見はするが、なんとなく一寸(ちょいと)冷めている。

図Ⅰ-三-1　長崎屋に集う江戸庶民　葛飾北斎の『画本東都遊』（享和2年刊）より
（たばこと塩の博物館蔵）

(二)「鎖国」と海外情報の管理

いわゆる「鎖国」（江戸初期の段階で鎖国という用語は使われていなかったので、本書では「いわゆる『鎖国』」あるいは「鎖国」と表現している）以前は、渡来の異国人や朱印船(しゅいんせん)・奉書船(ほうしょぶね)の乗組員がもたらす情報、渡来の文物(ぶんぶつ)など、異国にかかわる情報すべてが海外情報だった。これらは、為政者によって秘匿(ひとく)されることもなく、社会のさまざまな層に自由に受容されていった。

「鎖国」以後は、四つの口（長崎・薩摩・対馬・松前）から入ってくる、異国に関する種々の情報を、海外情報ということができる。「鎖国」はキリスト教禁令と貿易の管理・統制および異国船に対する海岸防備体制の確立、さらに日本人の海外渡航の禁止であったから、「鎖国」を行うことは、「人」と「物」とがもたらす海外情報を管理・統制することでもあった。したがって幕府は、天領長崎を唯一の貿易港と定め、港外で外国船の臨検を行い、前年に決めた秘密信号をもつ阿蘭陀船だけに入港を許可し、船員の上陸を許さず、貿易も、周囲から切り離した出島の中で幕府の役人が行った（対オランダ貿易の場合）。もちろん、書籍・絵画に対しても目利と呼ばれる役人に監視させていた。

（三）海外情報の機密性

長崎からの海外情報のなかでも、長崎入港の清国船（唐船）とオランダ船のもたらす唐風説書・阿蘭陀風説書は、唐通事・阿蘭陀通詞・長崎奉行を経由して徳川幕府御用部屋（江戸城本丸御殿の老中・若年寄の執務室）に提出されたもので、江戸時代にあっては、定期的かつ量的にも最大の海外情報であった。これらは「鎖国」の初期・中期・後期とそれぞれの所載記事や為政者による扱いに違いがあった。

例えば阿蘭陀風説書の場合、初期には、渡来を禁止したポルトガル・イスパニアの情報（幕府の外交政策にかかわる海外情報）が中心だったが、後に、ヨーロッパの風説・インドの風説・支那の風説と三部構成となった。しかし、しだいに形式的な記事が多くなっていった。ところが、一八四〇年（天保一一）には阿片戦争の詳細な情報が提出される。続いて一八四二年に提出された風説書は、「別段風説書」と呼ばれ、阿片戦争以外の世界情勢の記事も大量に盛り込まれるようになった。以後毎年の「別段風説書」には、国運を左右する欧米列強の東洋進出の記事が載せられ、特に一八五二年（嘉永五）にもたらされた「ペリー来航予告情報」は、幕府はもとより海岸防備の担当大名・役人、さらに学者・知識人、一部公家などに重要視され、彼らの間で密かに回覧された(3)。

唐および阿蘭陀風説書は、幕府の外国関係事務処理の担当者（老中・若年寄、長崎奉行、林家、海防掛など）および情報の経由者（唐通事・阿蘭陀通詞、天文方の蘭学者、長崎奉行所役人など）以外の閲覧は難しかった。しかし、実際には多くの写本が存在するので、識者の間にはかなり漏洩したことが知られる。つまり唐および阿蘭陀風説書に所載された政治・外交・宗教にかかわる海外情報は、表向きは「みだりに他見を許さざる」機密情報であったが、情報を得たいと思った人間の、担当者・経由者に対する積極的な働きかけや、担当者の自発的意図によって、「内々に」漏らされることもあり、いわば密かに漏れ伝わる情報なのであった。

定期的な海外情報の唐および阿蘭陀風説書のほかにも、偶然に漂着した外国人や、帰国した漂流民を通じて得られる海外情報がある。当時の日本社会では漂着外国人や帰国漂流民の知識・情報を活かすシステムは存在しなかったので、[4]海外に関心をもつ人々はあらゆる機会を利用して、彼らに接近していった。例えば、学者政治家新井白石は、大隅国屋久島に潜入したイエズス会士シドッチを江戸の切支丹屋敷で尋問して、『采覧異言』『西洋紀聞』を著した。また、幕府医官で蘭学者の桂川甫周は、伊勢国白子の船頭でカムチャッカに漂着し一一年間のロシア生活を送った後、帰国した大黒屋光太夫の口述をもとに『北槎聞略』を書き上げた。さらに古河藩家老鷹見泉石は、光太夫からロシア語会話をも学習して、その成果を残した。

以上の唐および阿蘭陀風説書や漂流民などからの聞書の内容、すなわち政治・外交・宗教にかかわる海外情報が、一般の庶民に漏洩して問題化した例はほとんどない。長崎商人や藤岡屋由蔵は情報を入手していたが、それを分析して活用するまでには至っていない。つまり情報が入手できても、その情報のもつ意味を分析する能力と情報を活用する手段と方法を、庶民はもっていなかったのである。

そのほか海外情報としては、貿易品・贈答品である生糸や織物製品、薬品、金唐革、ガラス製品、阿蘭陀焼などの「物」からの間接的な情報も考えられる。しかしこれらは、長崎で幕府のチェックを経てから、大名や高禄の旗本、また大名家臣、長崎地役人、大商人、蘭学者など、一部の人々の間で出回ったもので、機密性のある情報とはいいがたい。

（四）庶民と海外情報

さて、開国直後と考えられる江戸浅草茅町二丁目大隅源助の引札[5]には「御眼鏡細工所」として遠眼鏡、ガラス製品、磁石時計、製図用具、唐物絵などを商っていることが宣伝されている。湯島切通坂上の玉屋は紅毛唐物類、麹町二丁目白川屋は紅毛写無尽燈、浅草駒形堂前「みのや」はエレキテル、芝神明前小山清兵衛は写真機[6]を販売していたことが知られる。開国以降は、船来品好みの購買層が庶民にまで拡大したために、これらの店が江戸の各所に出現した。しかし開国以前には、長崎町人や、通信使などの通過する町の庶民など特殊な例を除いて、庶民が異国を体験できたのは歌舞伎・浄瑠璃の世界の中であった。一七一五年（正徳五）以降、江戸期を通じてほとんど毎年のように上演された近松門左衛門の『国性爺合戦』。中国人を父に日本人を母に、平戸で生まれた鄭成功の抗清運動をモチーフにしたこの物語は、主人公に日本人の血が流れていることが観客の共感を得たという。[7] ほかにも朱印船貿易時代の播磨国高砂の船乗り天竺徳兵衛のシャム（タイ）渡航記『天竺徳兵衛物語』を脚色したものや、「唐人殺し」の物語（一七六四年〈宝暦一四〉大坂で対馬藩朝鮮通詞鈴木伝蔵が、朝鮮通信使の中官崔天宗を殺害・逃亡した事件を題材にした作品）などが上演された。これらは異国人よりも日本人の優越性を物語る作品で、庶民が異国への関心を失っていく過程を示しているといわれる。

庶民と異国とのかかわりで見逃せないのは、医薬品であった。当時の引札には「阿蘭陀秘方」とか「長崎秘方」「唐人伝来」などと銘打って販売されていた閨房の薬品がある。このことは、効果のほどはともかく、庶民がオランダや中国渡りという銘柄に対して「異」質な力を期待していたことを物語っている。

以上、幕府が、政治・外交・宗教にかかわる海外情報の管理・統制を行った結果、政治にたずさわることなく、また四つの口に直接のルートをもち得ない庶民は、世界情勢を分析する術もなく、日々の生活に役立つもの（薬品）や生活に潤いを与えるもの（娯楽）にのみ異国を意識するほかはなかったと理解できよう。

（五）海外情報の漏洩と開国

ところが、江戸後期、異国船が日本近海に現れるようになると状況は変わってきた。すなわち異国人が日本の沿岸の村々に上陸して村民と直接交渉し、物々交換を行うことまで生じるようになった。このことは長崎において「人」と「物」がもたらす海外情報を管理・統制してきた幕府の「鎖国」を根本から脅かすこととなった。

寛政期（一七八九―一八〇〇）には、海外情報を入手・分析して現在の政治状況の変革までを提言する、林子平の『海国兵談』まで現れるに至り、幕府は版木の没収と禁固という断固たる措置をとった。文化期（一八〇四―一七）にはナポレオンの欧州支配という国際情勢の変化に明確に気づいた蘭学者はいなかったが、大槻玄沢らは長崎の阿蘭陀商館が「何かを隠しているらしい」と疑っていた。文政期（一八一八―二九）に長崎遊学した頼山陽が『仏郎王歌』を詠ずるに至って、かつて欧州にナポレオンなる英雄の存在したことが知識人の間に知られるようになり、幕府天文方高橋景保は、江戸参府の商館長スチュルレルからナポレオン戦争の顚末を聞いて『丙戌異聞』を記した。(8) この書の写しが蘭学者小関三英を通じて、三英の兄で出羽国庄内の大庄屋小関仁一郎の手元にも達している。世界情勢が庶民のもとに達するまであとほんのわずかであった。ところがシーボルト事件や蛮社の獄によって蘭学者が自粛を余儀なくされ、情報・知識を供給する人々がその活動を弱めざるを得なくなり、海外情報は庶民のもとに届かなくなってしまったのである。弘化期（一八四四―四七）はオランダ国王の開国勧告がなされても、幕府はこれをひたすら秘匿し、事後に朝廷や御三家に報告したのみであった。こうした閉塞的状況のなかでも、庶民の政治に対する風刺の精神は、たび重なる抑圧にもかかわらず旺盛で、歌川国芳の戯画「きたいな名医難病療治」では、阿部正弘は「鼻の先計見へ、遠くが見へぬ[9]」と風刺されている。一方、江戸の政治風刺は、北陸の高岡地方にまで達していた。情報網は確実に全国的に張り巡らされ、庶民の分析能力も向上していたのである。

嘉永六年（一八五三）六月三日浦賀沖にペリー艦隊が姿を現すと黒船情報は情報網を通じて全国に波及していった。もちろん、一年前に阿蘭陀商館長から「ペリー来航予告情報[10]」が幕府に伝えられていたが、それを十分に活かすだけのシステムをもっていなかった幕府は、やむなく穏便な対応をとり、半年の猶予を得るに至った。

しかし、もはやこれまでの海外情報の管理・統制は破綻し、幕府が庶民から隠し続けてきた欧米列強の高度な工業力とそれを可能とした社会システムは、巨大な「蒸気船」と威儀を正した「ペリーの上陸」として白日のもとにさらされた。そこにはこれまで江戸の長崎屋で見慣れていた、幕府によって管理・統制されたおとなしい紅毛人の姿はなく、全く異質の、巨大な武器と驚くべき統率力のとれた猛々しい近代欧米人の姿があった。それが全国の庶民の目と耳に向けて発信されたのである。異国に関心をなくし、夜郎自大に陥っていた人々は眠りを覚まされた。異国と異国に対応する幕府に関する情報が求められるようになる。ここに幕末の情報社会が出現した。

江戸時代、庶民は、政治・外交・宗教にかかわる海外情報から遠ざけられていた。しかし生活にかかわる薬品や娯楽という形で、海外情報を感じとることはごく一般的であった。それゆえに「海外情報がなぜ民間に漏れたのか」という問いに対しては、「政治・外交・宗教にかかわる海外情報は、幕府の管理・統制によって漏れにくく、また、庶民は海外情報に対する分析能力と活用手段、方法をもっていなかったために、情報が漏れても問題となった例がほとんどなかった。そのほかの海外情報は一般に流通しており、漏れる・漏れないの対象外であった」という解答を導き出すこととなった。すなわちこれは当初の、北斎描く長崎屋に集う「ちょいと冷静な人々」を見たときの感覚に近いものではないだろうか。[11]

STAGE Ⅱ

海外情報と幕府

●*Summary*

江戸時代、我が国において対外関係を調整し統括していたのは、徳川幕府である。したがって海外情報の多くは幕府の手に握られていた。ただし、琉球は、薩摩藩が事実上支配下においていたし、朝鮮との交流は対馬藩が交易・通交の仲介者と自他ともに認めていた。また、北方は松前藩に任されていた。それで、幕府の主な交流相手は、長崎に来航させていた中国人とオランダ人であった。

本書第二のステージでは、上のことを念頭において、主に幕府の情報活動を概観したい。

ところで幕府は江戸後期になると、南下するロシアの活発な動きによって北方問題に関して好むと好まざるとにかかわらず、なんらかの形でかかわらざるを得なくなる。そこでまずは、幕府がいかに北方の情報を収集したのかから説き起こす。そして、北方問題が解決すると今度は幕府は西欧列強との関係の調整に苦慮することになる。その際、西洋社会と東洋社会の最初の大規模な戦争であるアヘン戦争、その情報がどのように収集され、分析され、利用されたのかを考えてみたい。そしてアヘン戦争情報とともに入って来た植民地香港の情報はどのようなものであったのかを詳しく調べてみたいと思う。それらによって、いわゆる「鎖国」下の日本における情報環境が浮ぼりとなるであろう。

一　幕府の海外情報管理体制
――北方問題を中心に――

(一)　は じ め に

世紀末一〇年間の歴史学界では「情報」をキーワードにして、歴史分析が盛んに行われた。例えば、一九九一年一一月発行の『歴史学研究』六二五では「情報と歴史学」を特集している。編集委員会の「特集によせて」では「情報という概念を各人の歴史研究の中にどのように有機的に組み込むかが、歴史研究の一つの勝負どころになり始めている」と述べ、「情報とその組織はいわば社会と国家の神経系と神経中枢」であり、歴史研究における情報分析は、社会と国家の構造を具体的・段階的に把握できるものとしている。

こうした背景には一九八九年に始まった東欧・旧ソ連の歴史的変動において、「情報」の果たした役割が非常に重大であったとの認識があると考えられる。

すなわち、それまで国家が最重要課題としてきた、「情報」の管理と統制が、情報通信機器の革新や民衆の「情報」に対する積極的なアプローチなどによって完全に破綻し、民衆が真実の「情報」、つまり国家が民衆に知られたくない「情報」を把握するに至った。そして「情報」から得られた社会分析を通して、民主的な社会の構築に、民衆が自らを駆り立てた。その結果があの歴史的変動を生み出したのである。これこそ民衆による「情報」の収集・分析・活用、すなわち情報活動にほかならない。つまり、東欧・旧ソ連の歴史的変動は、あらためて、私たちに「情報」の収集・分析・活用の重要性、情報活動の重要性を認識させたのである。

さて、この東欧・旧ソ連の歴史的変動、すなわちベルリンの壁崩壊から始まった旧社会主義諸国の自由化とそれに伴う世界の激変の中で、我が国の進路も大きな岐路に立たされた。特に、ロシアの自由化によって、近世以来、両国間の懸案事項である北方領土問題の解決も一時期大きな期待がかかった。しかし、エリツィン大統領の辞任によって政府間交渉は暗礁に乗りあげてしまい結局、今現在も交渉は進展していない。憶測と期待の入り交じった「情報」の一人歩きとロシア政府内部の「情報」に乏しいと思われる政府やマスコミのおかれた状況を考えさせられる。

翻って近世後期から幕末にかけての北方では国家の危機に直結する事件がたびたび起こった。幕府の外交問題の担当者は、その際どのような「情報」に基づいて判断を下したのか、すなわち、北方におけるさまざまな事件とその「情報」の伝達・伝播の過程で行われた、「情報」の収集・分析・活用（情報活動）が、幕府内部やその周辺にあったか、否か、またあったとすれば、それはどのようなものであったのか。

ところで、こうした問題意識をもとに、北方の「情報・知識」などが、幕府の外交問題の担当者・実務者に、どのように収集され、受容され、また変容したか、という学問・文化の問題をも追求する必要があろう。しかし一口に北方問題といっても、幕府、松前藩、アイヌ、北方諸民族、清国、ロシアその他西洋諸国などの個々の問題から、それぞれの複合問題まで、さらに「情報」の概念に関しても論点は、実に多岐にわたることは、容易に察せられる。

そこで、ここでは、特に幕府による「海外情報」の管理と統制のアウトラインを描きながら、北方問題と「情報」との関連を簡単に指摘し、それらと開国前夜の情報と幕府の対応との関連性を述べてみたい。

（二）幕府による「海外情報」の管理と統制

前ステージで述べたように、いわゆる「鎖国」以前においては、わが国渡来の異国人や、朱印船（しゅいんせん）・奉書船（ほうしょぶね）の乗組員がもたらす「情報」、また渡来の文物の内容や文物そのものなど、異国に関する「情報」すべてを「海外情報」ということができる。これらは、為政者によって管理・統制されることはなく、社会のさまざまな層に自由に受容されていったと考えられる。

「鎖国」以後は、四つの口（長崎・薩摩・対馬・松前）から入ってくる、中国・オランダ、琉球、朝鮮、アイヌ・ロシアなどの異国（異域）に関する種々の「情報」を、「海外情報」ということができる。

徳川幕府による「鎖国」そのものは、キリスト教禁令と貿易の管理・統制および異国船に対する海岸防備体制の確立であったから、「鎖国」を行うことは、「人」と「物」とがもたらす「海外情報」を管理・統制することでもあった。したがって幕府は、中国・オランダに対しては、天領長崎において官営の貿易を行い、琉球に対しては、薩摩島津氏にその支配を任せ、朝鮮に対しては、対馬の宗氏を介在させ、アイヌとの交易および蝦夷地の防備は、松前氏に行わせたのである。それゆえ、幕府が直接捕捉し得る「海外情報」は、主として長崎経由であったことが指摘できる。

さて、長崎からの海外情報の中でも、長崎入港の清国船と阿蘭陀（オランダ）船のもたらす唐および阿蘭陀風説書（ふうせつがき）は、江戸時代にあっては、定期的かつ量的に最大の「海外情報」であった。

定期的な「海外情報」の唐・蘭風説書のほかにも、偶然に漂着した外国人や、帰国した漂流民を通じて得た「海外情報」がある。当時の日本社会では漂着外国人や帰国漂流民の「知識・情報」を活かすシステムは存在しなかったので、海外に関心を持つ人々はあらゆる機会を利用して、かれらに接近していったことも前述の通りである。

以上の唐・蘭風説書や漂流民などからの聞書の内容、すなわち政治・外交・宗教にかかわる「海外情報」が、一般の庶民に受容されて問題化した例は「北海異談一件[1]」を除いてほとんどない。長崎商人や「江戸の情報屋」藤岡屋由蔵は「情報」を入手したが、それを分析して活用するまでには至っていない。つまり「情報」が入手できても、その「情報」のもつ意味を分析する能力と「情報」を活用する手段とを、庶民はもっていなかったし、またその必要もなかったといえよう。

ところが、江戸後期、異国船が日本近海、特に北方に現れるようになると状況が変わってきた。すなわち、異国人が日本の沿岸の村々に上陸して村民と直接交渉をし、物々交換を行い、さらに、ロシア人による蝦夷地襲撃と日本人との交戦まで生じるようになった。このことは、四つの口、特に長崎において「人」と「物」がもたらす「海外情報」を管理・統制してきた幕府の「鎖国」を根本から脅かすばかりでなく、異国との戦争勃発という国家的危機の状況を招来することとなったのである。まさに北からの危機が近世日本をおびやかしたのである。次に、近世北方におけるその点に的をしぼって述べてみたい。

（三）北方問題と幕府の対応

江戸中期における北方、蝦夷地のイメージは寺島良安の『和漢三才図会』に代表される。そこで語られることは、「蝦夷は開闢何の世と云うを知らざる」もので「景行天皇以来本朝の奴と為」っており、当時は、松前氏が蝦夷を支配し、蝦夷の産物を供給しているという認識であった。

このような認識とは別に、特筆すべきは、水戸藩主の徳川光圀の指令による石狩川を中心とした蝦夷地探検である。この探検で持ち帰った資料（「情報」）が、後の水戸藩の蝦夷地開拓論の素地となり、また、新井白石の「蝦夷志」に利用されたのである。

また長崎貿易との関連でいえば、輸出俵物（対清国貿易における輸出品としての煎海鼠、干鮑、昆布など）の産地として蝦夷地が、幕府に認識されたのも江戸中期であった。

その後、北方問題が幕府の緊急の外交問題としてクローズアップされたのは、ベニョフスキーの警告事件が起こってからである。

松前藩は、ロシアが千島列島を南下していた事実を宝暦九年（一七五九）以降、把握していたが、幕府に対しては、その事実（「情報」）を秘匿していた。ところが明和八年（一七七一）カムチャッカから逃亡して、阿波、琉球を経てヨーロッパに帰国する途中にあった、ハンガリー人ベニョフスキーが、長崎の阿蘭陀商館長に宛てて出した書簡に、ロシアの南下に対する警告（「情報」）が記され、幕府外交当局にもたらされた。世にいう「はんべんごろう事件」である。ベニョフスキー（和訳して「はんべんごろう」）の警告により多くの識者が北方問題に喚起され、また事件後、長崎に遊学した林子平（後述）の知るところともなった。

その後、仙台藩医工藤平助は、天明三年（一七八三）「赤蝦夷風説考」二巻を編述し、赤蝦夷をロシアと認識し、ロシア事情、対ロシア政策、蝦夷地の開拓などを論じた。工藤の蝦夷地開拓論は、田沼意次の用人三浦庄二を通じて田沼の耳に入り、勘定奉行の諮問を受け、ついに翌年幕府勘定所普請役による蝦夷地実地踏査が実現した。この調査団は、天明五・六年にかけて蝦夷地の調査を行い、択捉・得撫島、樺太南部を探検し、現地の確実な「情報」を入手したが、江戸に戻ると、田沼意次は失脚しており、蝦夷地開拓論は実現しなかった。しかし、この後寛政のシャクシャイン戦争、アダム・ラクスマンの根室来航、イギリス海軍プロビデンス号の絵鞆入港事件、レザノフの長崎来航と配下のロシア人による蝦夷地襲撃事件、ゴロヴニン事件、高田屋嘉兵衛事件などが勃発したため、この調査団の調査は決して無駄ではなかったのである。また調査団の中に、経世家本多利明の門人最上徳内がいたことは、その後の「北方知識・情報」を考える上で記憶にとどめたい。

さて、まず、寛政のシャクシャイン戦争（クナシリ・メナシの戦）であるが、これは、寛政元年（一七八九）松前藩から場所を請け負って、アイヌと交易をして利潤を上げていた飛騨屋久兵衛の請負地である国後で、アイヌが松前藩士らを殺害して始まったアイヌと日本人との戦争である。その原因は日本人商人による欺瞞的で不正な交易にあった。この紛争は対岸の目梨に飛び火し、背後でロシア人が扇動しているという流言（「情報」）まで飛び交い一時は騒然としたが、松前藩に協力的なアイヌによって説得され終息に向かった。幕府は調査のため勘定所普請役を派遣した。結果としてこの戦争は松前藩の行政権を拡大し、南下しつつあったロシアとの接触・対抗を早めることとなった。

　それが現実となったのが、アダム・ラクスマンの根室来航である。時に寛政四年のことであった。その来航目的は、①天明二年（一七八二）に漂流した後、艱難辛苦の末、ロシア皇帝エカチェリーナ二世に謁見し、帰国を許された、伊勢白子の船頭大黒屋光太夫（前述）らを送り届けることと、②日本と通商を開始するきっかけをつかむことであった。幕閣松平定信の指示を受けて出張した目付石川忠房は、光太夫らを受け取ったが、国書の受領は拒否した。そしてこうした交渉は長崎で行うことを諭して、長崎入港の信牌を与えた。信牌を得たことでラクスマンは、帰国した（それをもって文化元年〈一八〇四〉長崎にやってきたのがレザノフだった）。

　ラクスマンが去ってつかの間、寛政八年（一七九六）と翌年にイギリス海軍中佐ブロウトン指揮のプロビデンス号が絵鞆に入港する事件が起こった。ブロウトンの目的は蝦夷地西海岸と津軽海峡の測量であったので戦闘などは起こらなかったが、いよいよ北方問題は急をつげた。

この間、幕府の蝦夷地調査は寛政三年、同四年に行われた。この調査には、かの最上徳内が参加し、アイヌとの適正な交易を行うための交易調査を行い、幕府直轄地後の直捌のもととなった。さらに、松前藩の辺境防衛能力の不備を明らかにする調査結果（「情報」）をもたらして、幕府直轄地化の伏線ともなった。

そして蝦夷地の幕府直轄地化を直接決定させたのは、近藤重蔵（こんどうじゅうぞう）参加の寛政一〇年の、総勢一八〇名余りの大調査であった。この調査は、前述のプロビデンス号の絵鞆入港事件によって現実に松前藩が辺境防衛能力に欠けていることを痛感した幕府が、積極的に蝦夷地経営を打ち出すために行ったもので、この翌年幕府は、東蝦夷地の仮上知を決定した。そして享和二年（一八〇二）には東蝦夷地の永久上知を実現し、文化二年（一八〇五）の調査を経て、文化四年西蝦夷地も松前氏より上知して、ついに全蝦夷地の直轄地化を断行した。

その間、文化元年（一八〇四）、ロシア皇帝の侍従で、露米会社重役のレザノフが、遣日使節として漂流民の返還と通商要求を目的に長崎に来航した。レザノフは軟禁状態にされながらも、江戸の指示を待ったが、それは交渉の拒否であった。その報復として、文化三年レザノフは海軍大尉フヴォストフらに指令して、樺太の松前藩の交易場所を攻撃させた。この事件を松前藩が知ったのは、翌年それも上知が決定された後のことである。この年フヴォストフらはさらに、択捉島を襲撃し、幕府の物資を略奪、倉庫に火をかけた。警備の南部・津軽両藩の藩兵も総くずれとなり、東蝦夷一帯は恐怖のどん底に落とされた。その後、フヴォストフらは樺太・利尻を襲い、幕府に対する警告状を商人に託して去った。

この事件以後、幕府は北方の警衛を厳重にしたが、その網にかかった形になったのが、ロシア軍艦ディアナ号艦長、海軍少佐ゴロヴニンである。ゴロヴニンは千島列島から満州海岸の測量を行っていた途中で、国後島泊（とまり）で上陸し交渉のさなか身柄を拘束された。ゴロヴニンは箱館・福山で尋問を受けフヴォストフらの択捉・樺太・利尻（りしり）襲撃事件は、ロシア政府の命令ではないことを弁明し、松前奉行荒尾成章の納得を得た。しかし幕府の方針はゴロヴニンの即時釈放ではなかったため、ゴロヴニンは失望のあまり逃亡を企てたが、水泡に帰した。

一方、副艦長のリゴルドは、ゴロヴニン救助のため、幕府の蝦夷地産物売捌方高田屋嘉兵衛を捕らえカムチャッカに連れ去った。このことを知った幕府は、フヴォストフらの択捉・樺太・利尻襲撃事件の全容をロシア側が明らかにすれば、ゴロヴニンを釈放することに決定した。カムチャッカに拘束された高田屋嘉兵衛は、ロシア語を習い、リゴルドにゴロヴニン釈放の使者となることを申し出て国後に上陸、ロシアと幕府の間に立って、ゴロヴニン釈放に尽力した。その後小さな曲折もあったが、文化一〇年（一八一三）、ロシア側がフヴォストフの襲撃事件の謝罪書を提出することで決着をみた。

この事件によって日露両国の和解と相互理解が進み、両国関係は安定期を迎えたといわれる。そのことは、幕府当局者をはじめ松前藩に辺境防備意識を減退させ、文政四年（一八二一）蝦夷地は松前藩に返された。

その後、文政・天保・弘化・嘉永と異国船が蝦夷地近海にも訪れたが、ロシア人による蝦夷地襲撃およびゴロヴニン事件のような国家的危機に発展するまでには至らなかった。

（四）開国前夜の「海外情報」と幕府の対応

北方の対外関係が緊張した寛政期（一七八九―一八〇〇）には、ベニョフスキー情報などの「海外情報・知識」を入手・分析して現在の政治状況の変革までを提言する「海国兵談（かいこくへいだん）」が著された。しかし、幕府は、著者林子平に対して、版木の没収と禁固という断固たる措置をとったのである。このことによって、海外知識とそれに裏づけられた定見を公表することは、幕府の忌むところであることがはっきりし、「情報」を入手し、分析することができる識者も自ら規制をせざるを得なくなった。

文化期（一八〇四―一七）には、先のロシア人フヴォストフらの蝦夷地襲撃事件を題材にした「北海異談」なる貸本が大坂にあらわれ、大評判となったが、幕府の追及をうけ、刑死者を出す程厳罰に処せられた。前時代に引きつづき、こうした情報を広く知らしめる行為には、断固たる措置がとられたのである。しかし一方では、この時期にはナポレオンの欧州支配という国際情勢の変化およびオランダがナポレオンに併合され、オランダの国旗が世界で唯一はためいていたのが、長崎の阿蘭陀商館だったことに明確に気づいた蘭学者はほとんどいなかった。ただし江戸の蘭学者大槻玄沢(おおつきげんたく)らは阿蘭陀商館が「何かを隠しているらしい」と疑っていた。実はゴロヴニン事件以後ロシアがそれほど極東に関心ももたなかったのは、ナポレオン戦争後のヨーロッパの情勢と小アジア方面に勢力を割いたからで、当時の蘭学者はそうした国際情勢を踏まえた現状認識にまでは至らなかったのである。つまりある事実があってもそれを総合的に分析することは、限られた「情報源」しかもたなかった当時の蘭学者には望むべくもなかったのである。

その後、前述した通り、文政期(一八一八―二九)に長崎遊学した頼山陽(らいさんよう)が「仏郎王歌(ふらんすおうか)」を詠ずるに至って、かつて欧州にナポレオンなる英雄が存在したことが識者の間に知られるようになり、幕府天文方高橋景保(たかはしかげやす)は、江戸参府の商館長スチュルレルからナポレオン戦争の顚末を聞いて「丙戌異聞(へいじゅついぶん)」を記した。(2) この書の写しが蘭学者小関三英(こせきさんえい)を通じて、三英の兄で出羽国庄内の大庄屋仁一郎(じんいちろう)の手元にも達している。世界情勢が庶民のもとに達するまで後ほんのわずかであった。

ところがシーボルト事件や蛮社の獄によって蘭学者が弾圧され、「情報・知識」を供給する人々がさらに自粛を余儀なくさせられ、海外情報は庶民のもとにも、全く届かなくなってしまったのである。

下って天保一一年（一八四一）にはアヘン戦争の詳細な「情報」がオランダから提出された（後述）。これによって幕府は海外方針を、「無二念打払」から「薪水給与」に転換した。このころは、ロシア脅威論はほとんどなく、イギリス脅威論がもっぱら流行していた。

続いて同一三年に提出された阿蘭陀風説書からは、「別段風説書」と呼ばれ（それ以前にも「別段風説書」の存在は知られているが、連年提出されるようになったのはこの時からである）、アヘン戦争以外の世界情勢の記事も大量に盛り込まれるようになった。「別段風説書」には、国運を左右する欧米列強の東洋進出の記事、特に嘉永五年には「ペリー来航予告情報」も載せられ、幕府はもとより沿岸警備の担当大名・役人さらに学者・知識人、一部の公家などに重要視された。

その間、弘化期（一八四四―四七）には、軍艦パレンバン号がもたらしたオランダ国王の開国勧告がなされても、幕府はこれをひたすら密匿し、事後に朝廷や御三家に報告したのみであった。

嘉永六年（一八五三）六月浦賀沖に四隻のペリー艦隊が姿を現すと黒船情報は情報ネットワークを通じて全国に波及していった。七月にはロシア提督プチャーチンが長崎に来航して、通商と国境確定を要求した。

もはやこれまでの「海外情報」の管理・統制は破綻し、幕府が庶民から隠し続けてきた欧米列強の高度な工業力とそれを可能とした社会システムは巨大な「蒸気船」と威儀を正した「ペリーの上陸」として白日のもとにさらされることとなったのである。

この後、日本が、開国へと傾斜していく中で、北方、特に箱館は、開港場として世界に開かれて行くことになっていったのである。北からの情報は新たな段階を迎えることとなった。

二　海外情報収集と危機管理
——アヘン戦争情報を中心に——

(一) はじめに

結論から述べるならば、「我が国に大きな影響を及ぼした」とされる、あるいは、その情報が「衝撃波となって全国を駈けめぐった」とされるアヘン戦争は、情報が与えられた当時、すなわち天保一一年（一八四〇）から一三年ころは、老中首座水野忠邦の情報管理によって、その詳細を知るものは少なく、実は、ペリー率いる蒸気船艦隊が、浦賀に来航して以来、日本の行く末を心配する人々にとって、日本の進路の一つの仮想現実としてアヘン戦争情報が注目されるようになったのである。ここでは、この結論に至るアウトラインを示し、幕府の対外危機管理としての海外情報収集と対外政策に関して述べてみたい。

(二) アヘン戦争情報の伝達と影響

初めて、アヘン戦争関連の情報を幕府に伝えたのは、天保一〇年(一八三九)六月二四日付けの通常の阿蘭陀風説書であった。ここには、清国政府が、広東のイギリス人に対してアヘン密売を禁止するために欽差大臣を派遣したこと、貯蔵アヘンをことごとく没収することを厳命したこと、これによってヨーロッパ人が大変窮地に陥ったこと、北京においても、アヘンを吸飲したものは、厳科に処せられることになったこと、などが記されていた。[1] この情報は、遅くとも七月には、江戸の幕閣に伝えられたはずであるが、彼らがなんらかの反応を示した痕跡はない。それは、この情報が、戦争そのものを伝えたものではなかったこと(実際にもまだ戦争は起こっていない)、当時幕府有司は、五月から始まった、渡辺崋山(かざん)らの逮捕・取り調べ(いわゆる「蛮社の獄」)に忙殺され情報の重要性に気づかなかったと考えられる。

翌年六月のオランダ船は、通常の風説書で、清でイギリスに対して「無理非道之事共有之候所」からイギリスは、「仇を報んが為」清に軍隊を派遣することを伝達した。つまり、イギリスの対清宣戦布告を伝えたものである。そして、「唐国に於てエゲレス人等阿片商法を停止せん為に起こりたる著しき事を爰に記す」という標題の、大変詳しい内容をもった阿蘭陀別段風説書を提出した。ただし、この情報は、オランダ人が、バタビアで入手した一八四〇年四月まで、つまり天保一一年三月までの情報（英字新聞などが情報源）であって、通常の風説書の趣旨を詳しく述べたものである。しかし幕府は、文化五年（一八〇八）のフェートン号事件[2]以来、イギリスに対する警戒心をもっていたため、また、この年は、唐船が、イギリス軍の乍浦攻撃によって出港できず、欠航したために、長崎唐人屋敷の在留清国商人に対して、情報の提供を命じた。ただ、この時点で、幕府は欠航の理由は把握していない。在留清人の提出した情報（唐風説書）は、天保一〇年一一月の本国出港直前の情報なので、当然にして、幕府は、戦争の趨勢を知るべくもなかったのである。

しかし、一一年九月には、長崎町年寄高島秋帆は、先の阿蘭陀別段風説書と唐風説書を下敷きにしながら、西洋砲術の採用を説く上書を提出した。[3]そこで高島は、既に「唐国大いに敗亡に及び、イギリスは一人も死亡これ無」し、としている。これは、このすぐ後に「かねて蘭人共より承り及び候」とあるので、阿蘭陀別段風説書をもたらしたオランダ人の予測を聞いた高島の独自の判断と考えられる。この上書は、長崎奉行田口加賀守喜行が水野越前守忠邦に取り次ぎ、目付鳥居耀蔵に下げ渡された。鳥居は、唐国の滅亡は、砲術の利鈍によるものではないとして採用はやめたほうがよいが、専門家に検分させてみるのもよいとした。こうして天保一二年五月の徳丸が原演練が政治日程に上ることになった。しかしこれをもって、アヘン戦争情報が我が国の国政に大きな影響を及ぼしたとか、この時点で水野が大きな危機感をもったと速断することはできない。後述したい。

ところで、高島が注目した阿蘭陀別段風説書は、当時老中だった古河藩主土井利位（としつら）の家老鷹見泉石（たかみせんせき）（老中内用役）も注意するところであった。泉石日記の天保一一年九月一日には、田口より直筆の通常の風説書を入手し、翌日利位に上呈していることが記されている。また一一月一七日には、相役の戸川播磨守安清と交代して江戸に帰ってきた田口に対してアヘン戦争情報を提出してくれるように頼み、別段風説書を入手、同二一日にはやはり土井に提出した。さらに同二六日には田口に対して唐風説書の提供も依頼している。(4)

（三）長崎奉行の書簡

茨城県古河（こが）市の古河歴史博物館が、鷹見本雄氏より寄託を受けて保管する鷹見泉石の史料群の中には、長崎在勤の長崎奉行戸川安清が、江戸在勤の長崎奉行田口喜行と勘定奉行明楽茂村（長崎掛と考えられる）に宛てた、一八四〇年秋までの戦争の状況、すなわち、イギリス軍の定海県占領を伝える唐船風説書の翻訳を記した書状の写し（天保一一年一二月七日付）が残っている。その後半部分が重要である。

右者、当年入津之阿蘭陀船より風説之趣、かひたん封書を以、内密申立候次第も有之候ニ付、唐方商売船之差障も難計ニ付、唐方在留船主江当七月中、加賀守殿御在勤中御尋之上、差出候真ノ物和解去九月四日、水越前守殿江飛驒守殿より御上ケ被置候儀ニ付、猶右始末之儀者、船々入津相揃候上得与為相尋、真ノ物和解等為差出候上、差上可申与存候得共、先ツ此段右様心得迄ニ申進候間、越前守殿江、一ト通り御耳打ニ而も被成置候方可然思召候ハ、宜被仰上置可被下候、以上

史料分析の詳細は、拙稿「阿片戦争情報の新・考察――幕府における情報の収集・分析、鷹見家資料から――」[5] 古河歴史博物館紀要『泉石』第三号において述べたので繰り返さないが、そこで得られた結果は、①長崎と江戸に在勤していた両長崎奉行の書簡はこれまで学界に報告例がない。②水野が長崎奉行、勘定奉行に張り巡らした情報網がうかがえる。③水野が清国の敗戦を知ったのは、通常いわれているような漢文によるものではなく、漢文の和訳だった。④長崎奉行の情報分析は、来航唐船の減少による長崎貿易の衰退が心配というものだった、の四点である。

(四) 水野忠邦の情報管理

ここでは、②④に関して少し立ち入って述べていく。

この長崎奉行の書状の文面から考えると、為政者たちは、居ても立ってもいられないほど衝撃を受けたと考えることには、かなり無理がある。というのも、書状の中で、奉行戸川が一番心配しているのは、戦争が中国貿易船の長崎来航に支障となることであった。そして、それは、当時の長崎町年寄高島秋帆以下長崎町人の心配ごとでもあった。すなわち、江戸後期以降、薩摩藩による琉球経由の唐物が市場に出回り、長崎経由の唐物の市場価格をも低下させていたという背景があった[6]。ただでさえ収益が下がっているところに、中国船が、戦争によって来航しなければ、貿易量が減少し、町全体がさらに疲弊することは明らかである。ここに、秋帆は、「天保上書」を作成して、高額な輸入大砲類を使用するところの西洋砲術の採用を提案(天保一一年九月)、老中水野忠邦に提出する。これが、水野の容れるところとなって、徳丸が原の演練となって実現するのは先に述べたとおりである。水野が、徳丸が原の演練を企画していた矢先の天保一二年一月に、先の長崎奉行から発信された阿片戦争情報が、水野に「耳打ち」されたのである。清軍がイギリス軍に敗れたという情報は、海防整備を推進する水野にとって有利な情報である(逆に西洋砲術を取り入れようとする水野の海防整備に反対の勢力、すなわち守旧派にとっては不利な情報といえる)。それゆえにか、水野が、このときの情報を同僚の老中土井利位に漏らした形跡がない。利位は、家老で内用役の泉石から、この情報を入手している。泉石のもたらした情報は、長崎奉行田口から密かに入手したものだった。それが、先の長崎奉行の書状なのである。結果的に同じ情報を入手しているが、土井の場合、実に九日遅れだった。

一方、水野がこの情報を漏らした先は、当時佐渡奉行だった、川路聖謨(としあきら)。水野は、「外国のことではあるが、自国の戒めとしなければならない。浦賀防衛計画は、いまだ決まらず、残念だ(7)」と川路への書状の中で述べている。水野が阿片戦争情報に対して直接言及しているのはこれだけである。ここから考えるとやはり、まだ天保一二年段階では軍事的危機感をもたらしたとするには大いにためらいを感じるといわねばならない。例えば、蛮社の獄で鳥居耀蔵の手下として働いた御小人頭小笠原貢蔵は、同年一一月に鳥居を介して幕閣(おそらく水野)に上書を提出しているが、そこでも、やはり、戸川の書簡に引用された唐風説書を引用して、備えがあっても総くずれになった清をみると、いまだどのくらいの兵力で来るかわかりもしない「蛮賊」のために多くの諸侯を江戸湾に配備するのはいかがなものか、それよりも平生(へいぜい)からの備えとしっかりした防衛計画が大事といっている(8)。以上のことから、アヘン戦争情報は水野によってかなり管理されていたことがうかがえるのである。

（五）天保一三年の状況

天保一二年には、オランダ船が長崎に来なかったので、天保一三年の阿蘭陀別段風説書は、幕府当局者にとって待ちに待ったものだったと考えられる。そして、このころには、幕府関係者以外にもかなり多くのものが情報を求めるようになっていた。尾張藩家老大道寺氏の家臣水野正信の青牖叢書（名古屋市蓬左文庫）にも阿蘭陀別段風説書が書き留められているが、さらに大坂からの情報として、一三年八月の長崎での様子を記した書簡を書き留めている。それによれば、「アヘン戦争で蘇州、寧波辺りも攻めとられたようだ。この辺りは乍浦から十五里程もないところなので、さぞ混乱したことと思われる。日本に来る唐船もイギリス軍艦に拿捕されていたという。オランダ人の別段風説書に言うとおりである。江戸でも九州筋そのほか近国の十四か国の大名聞役が呼び出され、イギリス船が来るかもしれないので注意を怠らないようにすること、薪水を要求したら与えるように、手向かいしたら容赦なく打ち払うようにという沙汰があり、早飛脚で国許に伝達するようにとのことであった。これは市中まで御触があった」。

すなわちこの情報は、同年七月の薪水給与令の発令を指している。そして水野は、九月に伊豆韮山（にらやま）の代官江川英竜に高島流砲術の諸家への指南を許し、一〇月には、高島秋帆を逮捕した。同月、高島

図Ⅱ-二-1　ペルリ提督神奈川上陸図　ペリー艦隊従軍画家ハイネの作。ペリーは「見せ物のもつ重要性と精神的影響」を考えて、「われわれの二度目の日本上陸の機会を目立ったものにするため、あらゆる準備」を整えたという。（東京国立博物館蔵）

事件に危機感を抱いた下曽根金三郎が、幕府内部の保守勢力を批判しながら、西洋流砲術の拡大を建議した。さらに一一月の長崎からの情報には、「イギリスと清国との戦争は、一般には秘密にされていることなので情報を伝達することが出来なかった。しかし、台湾、広東一円はイギリスのものになってしまった。イギリスは、清の大砲を没収した。イギリスには蒸気船が二〇隻あるらしく風雨の別なく一万五〇〇〇里を八日で走ってしまうとのこと。この様子では、清国は難しいことになるだろう。これらのことはごく内々のことで、ここ長崎でも全く言う人がいない」（青牖叢書）としている（本書Ⅲ—二参照）。これよりすると、天保一三年においても水野の情報管理はまだまだ効いていたことが理解できる。

しかしながら、幕府が、秋帆の西洋砲術を採用して、江川太郎左衛門英竜・下曽根金三郎信敦の両名に学ばせ、そこから高島流砲術が、全国的に展開していくわけで[9]、これ以後、アヘン戦争情報は、各層に拡散していったと考えられる。水野自身が、上知令による政治的混乱の中で失脚したこともそれ（情報の拡散）に拍車を掛けたであろう。水野の後、阿部正弘が幕政を主導することとなるが、この阿部政権下に、阿蘭陀別段風説書として香港が割譲された南京条約情報が、長崎から入ってきた（本書Ⅱ―三参照）。しかし、結果からみれば、それらの情報が、対外政策に有効に利用されたとはいえなかったといえるが、これらの件に関しては別に述べる必要があろう。

（六）おわりに

アヘン戦争情報は、その伝えられた初期において、幕府、特に水野忠邦によってかなり厳重に管理されていたため、すぐには漏洩しなかった。最初のアヘン戦争情報が伝えられてから一四年後、幕府は、ペリー率いる蒸気船艦隊の浦賀来航を迎えることとなる。そして阿部正弘による対外政策諮問（嘉永六年七月）に対する、各大名による答申書の中に、これまで述べてきたアヘン戦争情報の分析と活用、またアヘン戦争情報の拡散をみることができる[10]。例えば、長州の毛利慶親（もうりよしちか）は、「通商上のいざこざから戦争になり、人民は塗炭（とたん）の苦しみを味わった」として通商は不可としたし、薩摩の島津斉彬（しまづなりあきら）

は、「外国人が多く入り込むと、我が国の軍事機密が明らかになり、不意の災害となってしまうこともあるかもしれず、清国同様になっては至極残念である」とし、戦いを避けて軍備を増強せよとした。これらは、アヘン戦争の情報から国際政治社会を分析して今後の政策を提言したもので、幕府政治はそれらの多数意見、避戦論の路線で推移していった。

そして最も大事なことは、ペリーの来航によって改めてアヘン戦争が再認識されたということである。つまり目の前の巨大な蒸気船、自在に、風によらず走行し、強力な大砲を備えている海の要塞、上陸したらしたで、威儀を正し、恐ろしく統制のとれた軍隊。これらを目のあたりにした人々は、一三年前に清国が圧倒的なイギリスの軍事力の前に屈服して、大切な領土、香港を掠めとられてしまった事態を思い起こした。その清と現在の日本をオーバーラップさせたのである。まさに一三年前の清と同じ道を歩まざるを得ない日本がそこにあった。識者の認識はいやが上にも高まらざるを得ない。こうした状況下に、幕末の政局は、中央政府たる幕府に対して政治的権限をもたない外様・家門大名やその家臣の動向に左右されるようになり、そして知識人や庶民からも注目されることとなった。つまり、幕府政治は、衆人監視のもとにおかれるようになったのである。こうして海外情報は国内政治情勢と直結し、幕府の海外情報管理は一部において破綻したといえよう。(11)

三　幕末日本にもたらされた香港情報

（一）気がかりな「香港記」

茨城県の内陸部の、最も西よりに古河市がある。市の施設である古河歴史博物館の第一展示室では、鷹見泉石の業績を見ることができる。鷹見泉石に関しては、国宝の渡辺崋山筆「鷹見泉石像」（東京国立博物館所蔵）がよく知られているが、歴史博物館ができるまでは、その人となりや業績を知ることが少なかった。

しかし、泉石は、かの大塩平八郎の乱の際、大坂城代だった土井利位の家老で、乱の鎮圧に功績があったとか、その利位が入れ込んだ、雪の結晶の研究成果『雪華図説』『続雪華図説』の陰の功労者であったとか、江戸時代に唯一のオランダ一国のみの詳細な地図である『新訳和蘭国全図』を著して刊行した人というと、「ああそうなのか」と思っていただけることもあろう。

画像に比べて伝記・事蹟が知られていないのは、泉石が残した膨大な職務史料群に比べて、その著作があまりにも少ないこと、個人所蔵の史料群で、本格的な史料の目録編成と保存事業には、莫大な経費と人員が必要だったために史料調査が進まなかったことが、人となりや業績を知られることが少なかった原因であった。

さて、歴史博物館のオープンの前後にかけての調査に基づき、泉石の貴重な史料群の目録（古河歴史博物館編『鷹見家歴史資料目録』古河市教育委員会）が、平成五年三月に刊行された。私は、この目録編成作業のお手伝いをさせていただいて、少々気になっていた史料があった。それは、泉石の筆写になる「香港記」である。時間的な制約からじっくり検討する余裕はなかったが、歴史博物館の学芸員永用俊彦氏が著した「近世後期の海外情報とその収集—鷹見泉石の場合—」[1]によれば、「香港記」は、なかなか貴重な史料であることがわかる。

図Ⅱ-三-1　現在の香港　ビクトリアピークより
セントラルを望む

永用氏によると「香港記」は、オランダ・アムステルダムで刊行されていた大衆向け啓蒙月刊誌『ネーデルランツセ・マガセイン』の抄訳本とのことである。『ネーデルランツセ・マガセイン』は、一八三四年（天保五）に創刊され、一八八五年（明治一八）に廃刊となったタブロイド判三二頁立ての雑誌で、我が国では、文久三年（一八六三）ごろに官板『玉石志林（ぎょくせきしりん）』として、幕府の蕃書調所教授箕作阮甫らによって翻訳・刊行された。(2)「香港記」は、阮甫の娘婿省吾が『ネーデルランツセ・マガセイン』の中の香港に関する部分を翻訳したものの写しであると、永用氏はみている。そうすると成立は、省吾が元気だった弘化三年(一八四六)以前ということになろう。

さて、泉石の「香港記」は、「此島ハ方今英吉利所轄中ニ於テ」と始まり、この地の住民は、怜悧にして、三億の中国人と交易をなしていること、また良港で交易がしやすいこと、多数の商船が行き交っていること、水が良いこと、気候が温暖で景色がとても良いことなどが述べられている。ただ、政治的な記述はほとんどないという。

しかし、私は、冒頭の「此島ハ方今英吉利所轄中ニ於テ」という部分を、泉石をはじめとする幕末開国前後の当時の知識人たちが、おそらくはかなり注目したに違いないと思っている。

というのも、泉石の史料群の中には、イギリスが清に戦争を仕掛けて、香港を割譲させたかのアヘン戦争の詳細な情報を集積した「真之物和解」、長崎在勤の長崎奉行戸川安清が、江戸在勤の長崎奉行田口喜行と勘定奉行明楽茂村(長崎掛と考えられる)に宛てた、一八四〇年秋までの戦争の状況、すなわち、イギリス軍の定海県占領を伝える「唐船風説書」の翻訳を記した書状の写し(天保一一年一二月七日付)が残っているからである。(3)

ただし、泉石のアヘン戦争情報に関する史料、特に長崎奉行の書状の文面から考えると、為政者水野忠邦たちは、居ても立ってもいられないほど衝撃を受けたと考えることには、無理がある。このことは前節で述べたので繰り返さない。結局、水野自身は、上知令による政治的混乱の中で失脚し、阿部正弘が幕政を主導することとなった。その阿部政権下に阿蘭陀別段風説書として香港が割譲された南京条約情報やオランダ国王の開国勧告、さらにたまたま中国沿岸を通過した日本人漂流民の情報が、長崎から入ってきたが、結果からみれば、それらの情報が、対外政策に有効に利用されたとはいえなかったといえるのである。

(二) 漂流民、アヘン戦争直後の香港・中国を体験す

とはいえ、漂流民の香港・中国体験記は、当時の中国各地の状況を今に伝えるものとして重要である。池田晧編『日本庶民生活史料集成』第五巻(三一書房)より拾ってみよう。

時は、天保一二年(一八四二)一〇月のこと。摂津西宮の中村屋伊兵衛の千石船(せんごく)、栄寿丸は、奥州に向かう途中の犬吠岬(いぬぼうざき)沖で遭難(「東航紀聞」)。漂流一〇〇日余りの後、スペイン船に救助されるが、船内で酷使され、アメリカ・カリフォルニアで一三人のうち七人が置き去りにされた。メキシコ・中国を経由して長崎に戻った者は、五人であった。

この漂流を扱った「東航紀聞」は、同一四年に帰国した紀州周参見(すさみ)浦の人、善助・弥市の漂流譚(たん)を

紀州藩士岩崎俊章が編集して、嘉永四年（一八五一）に藩主に献上した記録である。

その中の「巻之三　漂流始末下　弥市漂流記」によれば、マカオの南に香港という島があると記している。そして、

> 最近イギリス人がこの島に居住している。マカオでも香港への渡船を五、六〇叟建造したらしい。広東や香港への渡船は昼夜絶えることがない。さて香港に着くと船頭に伴われて、ある役人の家へ行って、送り状を提示すると、役人が「あなたは、弥市ですか。遥か遠くに流れてきたものですねぇ。どうぞ、ゆっくり滞在して下さい。」と日本語で言ってくれた。これには、大いに驚いた。この役人は、アメリカ合衆国籍のイギリスの役人で、漢文をよくし、さまざまな国の言語に通じていた。

としている。

弥市は、ここで六〇日ほど世話になるが、食事は「極て美を尽くしたりし。豚を主とし、魚を多く

図Ⅱ-三-2　「香港勝覧」（『東航紀聞』より）
（国立国会図書館蔵）

用い、牛は希に用いたり。此地にては牛乳最も貴く」、値段はメキシコのマサトランの三倍はするといっている。また、

香港は周囲、二〇里（約八〇キロ）で、湾は西南に面していて口が狭く、港の幅は広い。海岸を削って家屋を立てており、すぐ近くに大船を繋留することができる。港は、三〇丁（約三キロ）ほどで、そこに作られた建物は、隙間なく家がつらなる構造であるが、全体の三分の一も出来上がってはいない。石工・瓦工・泥匠・大匠・力夫など数千人も働いていて、ものすごいことは言葉に表せない。

ここで、漂流記の編者は、もともと香港には中国人しか住んでいなかったが、この時期はイギリスに付属していた。中国人が引き払ったので外国人の家々がだんだん多くなったのだろうとしている。

イギリス総督府については、「高い場所にあって英国国旗がはためいていた。前面に銃を手にした軍人が、六、七百人いて、毎朝縦隊の訓練をしている。人数といい、整然とし

図Ⅱ-三-3　現在の旧香港総督府　1941年より45年の日本占領期間中に日本風に改造された箇所もある。後方は中国銀行。

ていることといい、その見事なことはマサトラン（メキシコの都市――岩下注）の比ではない」といっている。そして、「市街は、イギリスによって新たに作られたもので、港面を中心に縦に三区に分かれ、外国人・中国人・歓楽街とに分かれている」と述べる。

ここでも編者岩崎は、

香港は天下無比の良港であると善助も弥市も言っている。それでその地形を詳しく聞くと、西南に面して東北を背にした港であるという。背後の山は、獣も走れないほど険しく湾口は狭く守りやすく攻めにくい。港は広く数百の船を繋留することができる。実に天下一の良港である。そればかりか、東南アジアへの交通の要衝であるためにイギリスは、この地を根拠地とすべく望んだものと考えられる。清の官吏が、小さな島だからと言って貸与したのは、やむを得ないこととはいえ、軽率であったというべきである。もしマカオとともに軍事的に利用されたなら西からの憂いは最も大きいといわねばならない。孔子もいっているではないか、役にたつものに名前を与えたならば、人に貸してはいけない。土地を外国人に与えるなどこれより甚だしいものはない。

と述べている。

漂流記の編者は、アヘン戦争で清が、イギリスに敗北したことをやむを得ないと考えている。清・英の軍事的な格差を認識していたと考えられる。しかし、香港を貸与したことは軽率だったと孔子まで引き合いに出して非難しているのである。この漂流記は、もともとアメリカ大陸の情報を得るのが主眼目ではあったが、彼を知り己を知れば百戦危うからずとして、海防の役に立つ資料となすことに編纂の第一の意図をおいていた。これよりすると、この香港のコメント部分は、大変重要である。というのも、「巻之二　漂流始末中」では、舟山で善助が見聞したことの証言として、

　イギリスが清に乱暴し略奪したなかでは、舟山が一番甚だしかった。一般市民の区別なく大きな家は焼かれて、寺院の仏像は地面に横たわっている。当時は、修理をしていたが、傷跡が激しく、復興はかんばしくなかった。戦後のひどさは異国のことながらも見るに忍びなかった。

とか、寧府（ニンポー）でも「東の岬に城があったが、イギリスの乱暴で、櫓（やぐら）が崩れて見苦しかった」とか、乍浦（サッポー）は

　イギリスの略奪を受けたのは、去年（天保十三年）の四月のことで、殺害されたものも多かったという。寺院や家屋が倒壊したものが少なくなく、復興を専らとしていたが、戦後の荒廃ぶりは目に余った。

と記述しているのである。

　さらに弥市も、先の香港の記述の後の方で、鎮海を通過した際、「港口の番所や砲台などが、イギリスの攻撃を受けて破壊されていた」こと、寧府でも「イギリスの攻撃で破壊された寺院や大きな建物がそのままになっている」ことを証言している。

こうした戦後の中国沿岸部荒廃の有り様は、香港の割譲という結末とともに、この漂流記を読むものに、もし日本がイギリスとの戦争をしたらという想定を呼び起こしたに違いない。彼らの体験・見聞記は、折からのオランダ船や中国船のもたらしたアヘン戦争情報の信憑（しんぴょう）性を証明するものとなったといえよう。しかし、当時これらの漂流民の体験記に接することのできた人々は全く限られていた。さらに、こうした直接の体験・見聞の情報を対外政策に活かすようなシステムは、ペリー来航以前の「鎖国日本」にはほとんど存在しなかったのである。

(三) 幕末の日本と返還前夜の香港

アヘン戦争情報は、幕府によってかなり厳重に管理されていたため、ごく一部の者にしか知らされなかった。しかし、香港がイギリスの植民地であったことは、鷹見泉石も、幕府の為政者も、漂流民を尋問した紀州藩士も十分に知っていた。また中国に漂流した紀州の船乗りは、ロイヤル香港の草創期の喧騒（けんそう）を目のあたりにした。そして戦争に負けた悲惨な中国各地を見るに忍びないとも漏らしていた。

漂流民が帰国した直後には日本はペリー来航を迎える。阿部正弘による対外政策諮問（しもん）（嘉永六年七月）に対する、各大名による答申書の中には、アヘン戦争情報の分析と活用をみることができた[4]（前述）。例えば、長州の毛利慶親は、「通商上のいざこざから戦争になり、人民は塗炭の苦しみを味わった」として通商は不可としたし、薩摩の島津斉彬は、「外国人が多く入り込むと、我が国の軍事機密が明らかになってしまい、不意の災害となってしまうこともあるかもしれず、清国同様になっては至極残念である」とし、戦いを避けて軍備を増強せよとした。佐倉の堀田正睦(ほったまさよし)は、「開国通商は世界の大勢(たいせい)で、それに逆らっては何事もなすことができない」とした。これらは、アヘン戦争の情報から国際政治社会を分析して今後の政策を提言したもので、幕府政治はそれらの多数意見、避戦論の路線で推移していった。ペリーの来航によって改めてアヘン戦争が再認識されたのである。そして幕末の日本では、支配層による海外情報の収集と分析・活用を吸い上げることによって国際社会における日本の将来を展望し、進路を決定したといっても良い（ただしあくまでも上層部の意見を聞いただけで、すべての国民の意見を集約したわけではないが）。

さて、翻って、一八四〇年（天保一一）に勃発して、四二年に清の敗北で終わったアヘン戦争は、その後の歴史をみると、西欧的文明社会による東アジア的文明社会への侵略の始まりであった。そして、植民地ロイヤル香港は、イギリスの東アジア戦略拠点として機能した。香港総督は、女王に対して責任を負い、香港における軍事・行政の最高官職であり続け、また、幕末日本の対米通商条約締結にも一役買っている(5)。

ところで一九九七年七月、ロイヤル香港は、中国香港に看板を変えた。総督もイギリス軍もいなくなった。いわゆる「香港返還」あるいは「香港回収」である。植民地香港の終焉は、帝国主義的西欧的文明社会による侵略の歴史的終焉を意味していよう。

しかし、かつての香港島が属していた清は、既に消滅して、返還される相手は、一九四九年に中国共産党によって樹立された中華人民共和国（＝中共）である。一五八年という歳月は、お互いをずいぶん変えてしまっていた。香港は、世界有数の自由貿易の国際港に成長し、かたや中共は、計画経済の社会主義体制（一部に自由経済を取り入れているが）を堅守している。

考えてみるともともと武力でもって奪い取った土地が持ち主に返されるのは、弱肉強食の国際社会ではちょっと珍しいことだと思われる。これも、共存共栄を基調とした現代の国際社会のなせるわざなのであろう。ただ、持ち主といっても歴史的にみるといろいろと意見がわかれるものである。

香港にしても、中共に返還されることが当たり前のようになっているが、歴史的にそれは妥当なのだろうかという疑問も一部には存在した。返還直前、台湾政府が、南京条約の原本を故宮博物院で公開したのは、このことに対する問題提起であったが、ほとんど無視された。また中英共同宣言は、イギリスのサッチャーと中共の超紫陽の間で取り決められたにすぎないものではないかともいわれている。そもそも民族自決の原則は、ひいては住民自決の原則はこの場合適用されないのだろうか。香港の将来は、ロンドンや北京にのみ委ねられていいのだろうか。香港は、香港人の香港なのではないのか。今後五〇年間は、政治・社会体制を変えないとされているが、では五〇年後はどうなるのか。つぎからつぎへと疑問がわいてくる。

返還後に訪れた香港街を歩きながら、アヘン戦争直後に香港を通り過ぎた日本人漂流民に思いをはせ、また香港返還のあの一日をも思い出した。

追記

一九九九年一二月二〇日、ポルトガルの植民地「マカオ」が四〇〇年の歳月を経て、中国に返還された。これにより、東洋における西洋の植民地はすべて消滅した。私は、同年同月一四日返還直前の「マカオ」を訪問した。「マカオ」は「澳門」に生まれかわるべく、街々は装いを新たにしていたが、部外者の私には「マカオ」の人々の気持ちを知る由もなかった。

STAGE Ⅲ

西洋文明認識の諸相

● *Summary*

江戸時代の庶民や幕府の海外認識、あるいは海外情報に関する情報活動を支えたのが、オランダ語を翻訳して記述する能力をもった蘭学者である。本書第三ステージは、この蘭学者の研究活動の実態を取り上げる。特により深く理解するのが比較的困難だったと考えられる人文分野、中でも西洋の歴史を彼らがどのように認識し理解していたのかを述べてみたい。

登場するのは小関三英。1839年の「蛮者の獄」で最初の犠牲者となった悲劇の蘭学者である。この事件の直後にアヘン戦争の情報が幕府に届く。風雲急を告げる中国情報。その中に蒸気船に関する情報があった。蒸気船は西洋文明の粋を集めた技術文明そのものである。日本人はいつ、どのようにこの西洋文明である蒸気船を認識したのか。従来とは異なった視点から記述してみたい。

一　江戸蘭学者の西洋史研究
――小関三英のオランダ史研究――

(一) はじめに

「好んで西洋の歴史を修(あ)む」[1]と朋友高野長英をしていわしめた蛮学社中の人小関三英。[2]彼の西洋史研究に関しては、「ナポレオン伝」[3]の訳述があるにもかかわらず、従来歴史学界においてはそれほど関心をもたれてはいなかった。[4]

私たちはいわゆる「鎖国下」という状況にあって黙々としてオランダ語に取り組んだ三英らの蘭学者に敬意を表さなければならないが、それでも一体彼らはどの程度西洋の事象を、さらに西洋の歴史を知っていたのか関心を抱かざるを得ないのである。なぜならば西洋の医学にしろ物理・数学といった基礎学問にしろ、それらは西洋社会の歴史的変遷の上に生じた歴史的産物であるから、西洋社会の成立や展開といった西洋の歴史の理解の上に、初めて深い理解を得ることができるものだからである。

本稿では、小関三英が行った西洋史研究の一端――オランダ史研究――を紹介しながら、蘭学者の西洋史理解について考える縁としたい。

(二) 西洋史研究の実態

国立国会図書館には、渡辺崋山の旧蔵書が、旧幕引継書として永久寄託されている。[5] この崋山旧蔵書中に、芝蘭堂門下の世界地理学の泰斗山村才助昌永の『訂正増訳采覧異言』全八巻が伝わっている。この『訂正増訳采覧異言』四巻には、三英自筆の按文附箋が四ケ所にわたって貼り付けられている。鮎沢信太郎氏の紹介によれば、この本は崋山より尚歯会の同志に回覧されたためにかくの如き按文が付されたのだという。[6]

では、その内容をみてみよう。

『訂正増訳采覧異言』四巻は「ヲランド」から始まって「アンゲリア」「スコッテア」「イペリニア」「グルウンランデア」「附」より成っている。三英の按文は二丁目の表、六丁目の裏、一一丁目の裏、一三丁目の裏にそれぞれ貼られており、そのすべてが「ヲランド」すなわちオランダの歴史的記述の部分である。

二丁目の按文附箋は次の如くである。

和蘭本北海小島名

好義、西史を按スルニ曰、初「カッテン」之民、此地ニ来ル時、「レイン河」ト「ワール河トニ夾マレアル地ニ拠リ」是ヲ「バタヒアン」（「バタヒア」ノ諸地ノ義）又「エイランド　ハン　バタヒーレン」ト云フト（「バタヒア人ノ嶌ノ義）、然ラバ則、小嶌ノ名、拠ナキニ非ズ、但海中ノ嶌ニ非スシテ、両河ヲ以テナセル嶌ナリ

さて、この按文で問題とされた本文の部分は、新井白石著すところの「和蘭ハ本ト北海ノ小嶌ノ名」の箇所に山村昌永が「昌永按ニ此説擬フベシ、恐クハ坤輿全圖ノ誤ヲ承タルナラン乎」と批判している部分である。三英は、白石の説に「拠ナキニ非ズ」と賛意を表している。

オランダ地方が記録にみられるようになるのは、ローマ共和政末期におけるその版図拡大に伴って、ローマがゲルマン諸族と直接境を接するようになってからであるといわれる。(7) カエサルのガリア遠征期のオランダ地方には、多くのケルト、ゲルマンの諸部族が、各部族ごとに割拠していたが、ライン・マース川間の低地、ことにバタヴィ島には、ゲルマン人のバタヴィ族が居を占めていた。(8) このことにより白石の所説を根拠なしとしない三英の批評は当を得たものであることがわかる。

六丁目の按文は少しく長いが引用してみよう。

好義按スルニ「イスパニア王カーレル」羅瑪帝并ニ和蘭侯を兼ル時、耶蘇宗泒レテ二ツトナル、一ヲ「ロームセ　カトレイキ」と云、一ヲケレホルメールデ宗ト云（舊染ヲ一洗〆新清スル宗ノ義ナリ）、各割拠〆諸國ノ王侯是ニ附シ

干戈ヲ用ルニ至ル、其兵ヲ名テ「コロイストワクト」（「コロイス」十字形ナリ「トクト」軍行ナリ其軍士皆胸ニ十字形ノ印ヲカク故ニ名ク尓云ト云）、「カトレイキ宗ヲ助ケ、「ゲレホルメールデ宗ヲ仇トス、和蘭ノ土人「カーレル」ノ命ニ逆ヒ「ゲレホルメールデ宗ヲ奉ス、「カーレル」厳刑ヲ設テ之ヲ禁スレトモ従ハス、之カタメニ身ヲ殉スルモノ幾千人ト云数知ラス、羅瑪人コノ「ゲレホルメール宗ノ徒ヲ呼テ「ケッテルス」ト云、即邪徒ノ義ナリ、爰所謂「ルテイルス」ハ悉ク「ケッテルス」ノ誤ナランカ

「ゴット」フランス語「ヂヰウ」ト云ク、即「デウス」ナルベシ

「ルテイルス」は悉く「ケッテルス」の誤りではないかと評されたのは、白石による次の部分である。

随其行第置諸坎中祭天之神謂之天主奉之之法不与諸国同故教門之徒呼テ為妖賊或曰初伊斯把你亜与和蘭相悪以不敢受其教故也其神名ヲ曰「デウス」云是剏造天地之神也和蘭之法邏馬人呼テ為ルティルス猶言邪徒也盖要其帰則同源而異泒者耳

白石は天主教すなわちキリスト教に関してその神を祭る法においてオランダが諸国と異なるために、諸国の教徒から「妖賊」と呼ばれるとし、またあるいははじめイスパニアとオランダが仲が悪かったため、イスパニアの旧教を敢てとらなかったので、そのように呼ばれるのであるとしている。その神の名はデウスといって天地創造の神である。オランダの法はローマ人によってルティルスと呼ばれているが、これは邪徒の意である。これらを要するにその源流は同じであり、オランダはその亜流

だと白石は理解しているのである。

これに対する三英の説明はかなり詳細である。まず、イスパニア王カルロス一世すなわち神聖ローマ皇帝カール五世のときにキリスト教が、旧教と新教に分裂したこと、いわゆるルターの宗教改革をかなり正確に把握している。宗教改革後、ドイツ諸侯が、新旧にわかれて宗教戦争が起こり、その兵を「十字軍」と称したと三英はいう。カールは旧教を援け、新教を弾圧した。オランダ人はカールの命に叛き新教を信捧したために、カールは厳刑を設け禁教したけれど効果がなく、殉教する者が絶えなかったとする。おそらくこれらは、一五二一年以降カールが行った異端弾圧（出版禁止令・宗教裁判など）とそれに対する新教側の抵抗[9]を指すのであろう。ローマ人が新教側を「ケッテルス」と呼びこれは邪徒の意とするが、白石が「ルティルス」というのは誤りであるというのが三英の主張である。

「ルティルス」というのは、ルター派を意味すると思われ、オランダははじめルター派、再洗礼派が力があったが次第に穏和となりカルバン派が主流となるので、「ルティルス」とすると厳密には誤りであるといえよう。それにしても宗教改革から説き起こすあたりは、西洋史に余程の造詣をもっていたことが察せられ興味深い。また神の語を蘭語、仏語、ラテン語で記しているのは、旧教、新教といっても祭る神は同じであることを示そうとしたもので、この点では白石の所論を補強している。

一一丁目の按文をみてみよう。

諸児満弟亜（元ヨリフランスノ郡ナリ）

好義諸西史ヲ按ルニ此時「ノルマンヂヤ」ヨリ侵サレタルコトナシ、「デェ子マルカ」及「ノルマン子ン」ヨリ侵サレタルコトアリ、「ノルマン子ン」ハ「ノルウェーゲン人ノコトナリ、恐クハ語音ノ似ルニ由テ誤リタルベシ

この按文は、昌永の増訳の部分、

又其後弟那瑪加（デエネマルカ）及ヒ諸児満弟亜（ノルマンジヤ）（此国今ハ払郎察ノ州郡トナレリ）二国ノ人来テ此地ニ居リシコトアリ、此時ニ古ヘノ抜苔非亜ノ號ヲ改テ分テ「ホルラント」則蘭地（ゼエラント）ノ二州トナセリ

を校訂したものである。

ローマ帝国の勢力が衰えるとフランク族にクローヴィスが出て、全フランクを統一し、メロヴィング朝フランク王国が成立した。オランダ地方もその支配下に入った。カロリング朝のカール大帝のころ、王国は最盛期を迎えるも、続くルードヴィヒ敬虔王の時代より、ノルマン人の侵入を受けるようになり[10]、これに手を焼いた歴代フランク王たちは、ノルマン人の隊長をオランダ等の各地に封じて臣下に組み入れて懐柔したが、ノルマンの暴状は一向衰えなかったといわれる。これらノルマン人の侵入は大きな損害をオランダ地方にももたらしたが、一方で地方の封建領主（地方伯、司教）をノルマ

ンに対する防衛の指導者として押し上げるのにあずかって力があった。そうした領主の一つにホラント伯家があり、一三世紀の末ごろには、同家はほぼ現在のホラント州を支配することになったのである。

昌永の増訳は、この一連の流れを追ったものであることが知られるが、三英の按文どおりフランスの一地方名である「諸児満弟亜」を国名と扱うのは正確ではない。ただし「弟那瑪尓加」はデンマークのことだから三英も是としている。しかし三英は按文において「諸児満弟亜」を「元よりフランスの郡ナリ」としているが、このノルマンディという地名は、セーヌ・バイキング（ノルマン人）の首領ロロが九一一年、西フランク王シャルル三世の臣下となり、北フランスの地を与えられたことに由来[11]しているので「ノルウェーゲン人」とは大いに関係がある。三英は単に「恐クハ語音ノ似ルニ由テ」とあまり注意していないところをみると、どうやらノルマンディとノルマン人の関係については知らなかったようである。しかしながら、この按文では「好義諸西史ヲ按ルニ」（傍点は岩下）とあり、三英は少なくとも二点以上の西洋史関係の書籍を用いてこの按文を作成したことがわかり重要である。

最後の按文は、一三丁目の裏であるが、それは次のとおりである。

烏孤塞（ウークセ）魚釣ノ義、葛別尓牙胡（カベルヤウ）大口魚此時大乱極リ強ガ弱ヲ呑ムヿ大口魚ノ小魚ヲ呑ガゴトシ、故ニ其黨ヲ名ケテ「カベルヤウ」ト云、又之ヲ制スル黨ヲ魚釣ニ譬ヘテ「ウークセ」ト云、共ニ国名ニアラズ

これは、一三四五年にホラント伯のウィレム四世（エーノー家）が死去して大規模な相続争いが生じたことに関連した記述である。貴族、大商人、若干の都市は、ウィレム四世の前王ウィレム三世の女マルガレイタを擁立せんと釣針(フツケン)派を結成し、新興市民は、マルガレイタとドイツ国王ルードヴィヒの子ウィレム五世（バイエルン家）を立てんとして鱈(カベルヤウエン)派を興し両者相争った。(12) 三英はその名称の由来について考察しているが、『訂正増訳采覧異言』の次の部分に関連して述べたものである。

其後此国一千二百八十八年（日本正応元年、元至元二十五年）ニ洪水アリテ人民多ク損シ、次テ兵乱起リテ拂里斯蘭土(フリイスラント)、烏多歴吉(ウヽレキ)多等の諸州戦争ヤマズ、烏孤塞及ヒ葛別尓牙胡等ノ諸部各威ヲ逞フ〆殊ニ千三百五十年（日本観応元年、元至正十年）、此ヒニ其乱最甚シカリシカ、後ニ諳厄利亜(アンゲリア)国ニ和親シ、其後波尓臥尼亜(ボウルゴニア)国ニ属セリ

すなわち、この記述ではフリースラントやユトレヒトの諸州で「烏孤塞」や「葛別尓牙胡」といった各部が争乱を起こしたということがわかるのみで、一体その「烏孤塞」や「葛別尓牙胡」がなんであるのか理解できない。やはりドイツ国王の後盾をたのむ鱈(カベルヤウエン)派とオランダの独立を目指す釣針(フツケン)派の名称の由来を述べた三英の按文の如き説明を要する箇所であろう。

(三) おわりに

以上『訂正増訳采覧異言』四巻の中にある、三英の按文附箋の内容と、三英が問題とした本文を、現代西洋史学の成果とも比較しながら検討してみた。ここで明らかとなったことは、従来から三英は西洋史に大きな関心をもっていたことが知られていたが、その著作は二種類の『那波列翁伝』が現存しているにすぎず、彼の西洋史研究の実態について十分には検討されていなかった。[13] しかるにこの按文附箋をみると「好義西史ヲ按ルニ」とか「好義諸西史ヲ按ルニ」とあって、いくつかの西洋史関係書籍を参照して、西洋史、西洋各国史——特にオランダ史、教会史等の知識を吸収しかつ総合的に把握し、個別事象の検討に際しては、これらの知識、蓄積を動員して考察にあたっていることが理解できる。それは按文の内容をみても一人オランダの歴史にとどまらず、宗教改革やノルマン人の侵入にまで及んでいることから容易に察せられよう。これらのことから三英の西洋史研究は、相当な広がりと深さをもったものであったことが窺えるのである。

「だれもが敬服するほかなかった」[15]『訂正増訳采覧異言』ではあったが、三英はその本から多大な利益を蒙りながらもそれに埋没することなく、自らの西洋史に関する知識をもって正すところは正し、つけ加えるべきはつけ加えているのであった。[16] ここに三英の西洋史研究の着実な歩みをみると同時に、この本が蛮学社中で回覧されたのであれば、単に他の写本と校合するが如き按文とは異なり、内容に一歩も二歩も踏み込んだ三英の按文は、社中での三英の特別な位置を推しはかるものとなろう。

二　蒸気船の認識と長崎海軍伝習

(一) ペリー来航以前の「蒸気船」認識

我が国の知識人が、いつ頃どのように蒸気船を認識したのかは十分明らかになっているとはいい難い。

渡辺崋山が、江戸参府のオランダ商館長ニーマンから聞き出した情報を記した『鴃舌或問』(天保九年:一八三八年)には、「ストームマシーネ」として、①火により自動で走る車で、とても精巧なものであること、②オランダでも「自行火船」を工夫しているがまだ完成していないこと、③それは風力を借りずに走ること、④郵便船として使うことができること、などといったニーマンの簡単な説明が書かれている。(1) しかしながら、ペリー来航時(嘉永六年:一八五三年)のあのあまりにも有名な「太平の眠りを覚ます上喜せんたった四杯で夜も寝られず」という狂歌によると、この時はじめて多くの人々が蒸気船を認識したのだと思いがちである。確かにペリーの率いる「黒船」の来航は、多くの一般人にとっては衝撃だっただろう。

しかし、この狂歌は、ペリー来航当時のものではないし、また、これまで私が明らかにしてきたように、ペリーの来航予告情報は一年も前に長崎のオランダ商館を通じて別段風説書として幕府に伝達されていた。(2) そこには「カリフヲルニート唐国ト蒸気船ノ通路」を開くため江戸に使節を送ること、「北亜墨利加蒸気船仕懸之軍船」が来航する可能性がある（徳川林政史研究所蔵「阿蘭陀機密風説書」）とはっきりと書かれていたのである。

オランダからの情報を受け取った老中阿部正弘は、今回の予告情報はかなり正確なもので、予告は現実のものとなると確信していた。それは彼がアヘン戦争の情報を収集することを通じて「蒸気船」なるものを知っていたからだとも考えられる。つまり風任せの帆船ではなく、荒波を蹴ってどこまでも進んで行く船が存在することを知っていたからこそ、日本まで、江戸まで来ることは十分可能だと考えていたのである。これに関して次に詳しく述べておきたい。

アヘン戦争は、いうまでもなく一八四〇年から四二年まで、中国に対して——当時は清王朝の末期にあたるが——イギリスが仕掛けた「不義の戦争」(3) である。戦争勃発の裏にはイギリスが清にこれまで以上にアヘンを売り込み、清から銀を吸い上げようという許しがたい意図が隠されていた。これをイギリスは、自由貿易の拡大という口実を唱えて隠蔽したのである。それはともかくこの戦争では、イギリスの海軍が圧倒的な機動力と破壊力で、清国海軍に壊滅的打撃を与えたことはよく知られている。この機動力の要因として蒸気船があげられるほどまだ蒸気船の活躍は顕著ではなかったが、マカオ沖に到着したイギリス艦隊の中にも、また戦争勃発後、舟山を占領して天津まで北上したイギリス艦隊の中にも、蒸気船は含まれており、中国側にも注目されている。かくしてこの蒸気船のことが、やはり長崎のオランダ商船を通じて幕府にもたらされた別段風説書の中に記されていた（天保一三年〔一八四二〕七月）。そこにはどのように書いてあるのだろうか興味をそそられるところである。

> 諸運送等の船数数隻並「ストームボート」（火気の方便ニ而風によらずに自由に進退する船）四隻各々武器を備へ河川並海瀬の所々備へ罷在候（静嘉堂文庫蔵「阿片事件記事」）

これでは、まだその具体的な仕組みが判明しておらず「火気の方便ニ而風によらずに自由に進退する」とは不思議な船だくらいの認識しか起こらないだろう。しかし、次の記事ではどうだろう。

> 昨年広東辺にて相戦居候処、当春ハ、福建或寧波府其外蘇州辺少々之合戦いたし、大船六十艘程来り、当時流行之ソンベン筒沢山ニ用意、船は皮にて張詰有之、唐国より打懸候石火矢ハ、陸より船を見当ニ打候事故、十ニ八ハはつれ、当り候ても皮にて請留、船を打抜候事出来兼、敵船より打懸候筒ハ、大勢群集之所江打懸候故、たとへハ敵方十五人死人有之候へハ、唐国は千五百人も打殺され候由、唐国より

小船に焼草焔硝等積込敵船へ乗付候て、火を付け、又ハ、水練を以逃去候謀計などいたし候へ共、敵より見すかし乗付申たる内ニ右之筒を打懸候故、謀計空敷相成、且大船ハ、沖ニ懸り、小船を数十艘乗込之、逆風も不構、竪横自在に矢の如く駈引いたし候故、唐国も大勢とはハ申ながら手をあまし候由、其上船にて勝手に乗廻し候故、いつれか戦場と見請けがたし、混雑にまぎれ、盗賊おびただしく、昨天府より上使数人参り、口を上使相尋候、いつれか本上使と相分り不申由、及内乱出来大勢ニ而取締出来兼、蘇州寧波府辺大分責とられイギリスの手ニ入候とも風聞に御座候（名古屋市蓬左文庫蔵「青窓紀聞」）

これは、尾張藩家老大道寺氏の家臣水野正信が収集した海外情報を書き留めた「青窓紀聞」の中の「寅年長崎表船来蘭人唐国イギリス人争動風説言上書」である。先の別段風説書をもたらした、すなわち天保一三年（一八四二）夏に長崎に入港したオランダ船による情報であるが、両者の関連性はよくわからないものの、こちらは別段風説書のダイジェストと考えられる。ここに述べられている内容は、イギリスの軍艦が、清軍のそれに一〇〇倍する殺傷能力のある強力な大砲を装備していること、また皮張りの軍艦は清軍の大砲では打ち抜くことができないこと、『三国志』の赤壁の戦いさながらの奇計では到底太刀打ちできないこと、清側の指揮の乱れから清側が敗北し、「蘇州寧波府辺」が占領されたという風聞もあるというものであった。これらの情報は、我が国にとっても実に容易ならざる情報である。加えて文中には「逆風も不構、竪横自在に矢の如く駈引いたし候」という記述があるが、これが「蒸気船」の運行を表現していると考えられる。そしてもっと決定的なのは、次の記事である。

イギリスと清朝と合戦之儀ハ大秘事之由ニ而知せ不申、しかし台湾ハとくに被取広東一縁イギリス之物ニ成候由、清朝之石火矢百梃計の八十梃イギリス大集取余り候分ハ、打砕候哉間ニ合不申候由、船も二百艘計も参り居候由、中々火船と申もの二十艘計参居候由、是ハ風雨之差別なく一万四五千里を八日ニ参候由、尤仕懸ケハ知不申候得共、火を焼其火気ニ而走り候由承り申候、此塩梅ニ而ハ清朝ハ六ケ敷奉存候、しかし是ハ内々之事ニ而当地ニ而ハとんと申人無之候（名古屋市蓬左文庫蔵「青牖叢書」）

この史料は、同じ水野正信の「青牖叢書」の中に収録されている「寅十一月十一日出長崎より書状写」とタイトルが付された記事である。やはり天保一三年一一月のものである。文章の内容は、イギリスと清国との戦争は、大いに秘密にされていることなのでこれまで情報を伝達することができなかった。しかし、台湾、広東一円はイギリスのものになってしまったという。そしてイギリスが、清の大砲を没収したことを述べ、さらにイギリス軍の軍船は二〇〇隻もあり、中でも「火船」（蒸気船のことと考えられる）が二〇隻あるらしく雨風の別なく一万五〇〇〇里を八日で走ってしまうとのこと。この様子では、清は国家として立って行くことが難しくなるだろう。これらのことはごく内々のことで、ここ長崎でも全くいう人がいない、としている。かくして国家存亡の危機をもたらす驚異的な「火船」

を為政者たちは認識したのである。こうしてみてくると、「蒸気船」が陸戦隊を伴って江戸湾に現れるだろうというい わゆる「ペリー来航予告情報」を手にした阿部正弘の焦りがよくわかってくる。

またさらに、阿部が政権を担当して間もないころには、阿蘭陀別段風説書の中に香港が割譲された南京条約情報がもたらされていた。[4] すなわち、一八四三年の状況まで伝えた、天保一四年の別段風説書には、南京条約が収録され、第四条には、「ホンコン島ハ永々英吉利領地に極置度事」（前掲「阿片事件記事」）と記されていたのである。これは、同年の六月に日本にもたらされ、七月末には、老中らは目を通していたと考えられる。かくして、ここからも「蒸気船」の脅威が十分に認識されたと考えられるのである。

（二）鉄張り軍船の認識

そしてまた、阿部にペリー来航予告情報が現実のものとなると確信させたものは、弘化元年（一八四四）に長崎にやって来たオランダ海軍軍艦パレンバン号とそれがもたらしたオランダ国王の開国勧告の親書の内容であった。すなわちこの事件は、アヘン戦争の結果を憂慮したオランダ国王が世界の大勢を説き開国をすすめた書簡を送ってきたものである。幕府は今後同様の国書を送ってよこすことを丁重に断ったのであるが、その内容が現実のものとなりつつあると書簡の文面を読んだ阿部が認識するとともに、鉄張りの軍艦が現実に長崎港内に入ってきた意味は大きい。これまで長崎を訪れたオランダ船は商船であったので大砲を満載した鉄張りの軍艦は、それを初めて目にするものを圧倒した。かくして九州地方の諸藩はこのパレンバン号を調査する担当者を長崎にこぞって派遣した（大分県立先哲史料館岡本家文書など）し、長崎防備の担当者の一人佐賀藩主鍋島直正は、パレンバン号に乗船して内部を詳しく見聞した(5)。当初長崎奉行は外様大名が外国船に乗ることに難色を示していた。しかし、直正から、「外国船を防御することを役目として負っているものが、外国船を知らなくては長崎防備の大任を果たせない」と迫られた長崎奉行は、ついに乗船を許可したのである。

直正の乗船当日は、オランダの軍楽隊が音楽を演奏し、水兵が捧げ銃の礼をとって歓迎の意を示したが、佐賀側にとっては初めての体験でもあり、一同は大いに驚いたという。直正は、最初艦長室に入り、その後くまなく艦内を見学した。また、大砲の操練も縦覧した。『鍋島直正公伝』は、見学者の感想を代弁して「其進退の規律整然たる、誠に一糸乱れずとも称すべく、号令極めて厳明なり」と記述している。その後兵士の操練も見学する。午後には砲弾の前でオランダ海軍士官からレクチャーを受け、その後は棒剣術や剣術の練習試合を見学、艦長室で休息した。直正のもとにあった藩士の中には、この後、長崎海軍伝習にさまざまな形で参加したり、あるいは佐賀藩の近代軍事技術確立過程の諸ステージで活躍した人々もいた。その一人として大隈重信の名前だけをあげておこう。かくして

「天下の耳目を驚かして人心を衝激し、ために長崎にては半ば戦備の騒擾にてありぬ」と評されたパレンバン号がもたらしたのは、西洋軍事技術が格段に進んでいると一部の識者に認識させるとともに、こうしたものは一般人から遠ざけておかなくてはならないという幕府の姑息な考え方だったのである。

以上の弘化元年のオランダ軍艦パレンバン号の長崎入津と国王ウィレム二世の開国勧告はアヘン戦争の余波と位置づけられるが、この年、阿部正弘は「潮音」という揮毫も行っている。(6) この書は、遠く海外からもたらされたさざめき立つ阿片戦争情報のことを意味している。かくして、しだいしだいに戦争の詳細な様相が明らかとなってきた。嘉永二年(一八四九)には「海外新話」といった、庶民をターゲットにする刊本まであらわれた。情報と知識は確実に蓄積されつつあったのである。さらに、たまたま中国沿岸を通過した日本人漂流民の体験的情報が、長崎から入ってきて、幕府は「見るに堪えない」戦争の惨禍を知っていた。(7)

このような情報環境の中に、日本は、ペリー率いる蒸気船艦隊の浦賀来航を迎えることとなったのである。論ずべきことは多いが、紙面の都合によりここでは、以下の点にとどめる。すなわちこれまでのいきさつから状況を十分に認識していた阿部正弘は、事態に冷静に対処して行った。まず、大名や旗本に対して、合衆国大統領の親書などを公開し対外政策諮問を行い(嘉永六年七月)、品川台場を築造した。また大砲を鋳造し、大型軍船建造の禁令を解除した。いわゆる近代化のための諸政策が次々に打ち出されたのである。その一つ長崎海軍伝習もこの時期に実現したものである。いよいよ海軍伝習に関して述べることとしよう。

(三) 長崎海軍伝習の日々

幕府は、ペリー来航以前に阿蘭陀商館長ドンケル・クルチウスが草案を提出して、申し出ていた日蘭通商条約の締結を保留しておきながら、一方では海防の充実のために、蒸気軍艦の購入を申し出た。[8] ドンケル・クルチウスは、オランダ本国政府に対して幕府の意向を伝達するとともに、幕府側と購入にあたっての受け入れ態勢について交渉をもった。その間、安政元年(一八五四)七月にはオランダ蒸気軍艦スンビン号が長崎に来航した。その停泊を利用して軍艦操練を行うこととなり、長崎の地役人や町人、長崎防備の担当藩福岡黒田家と佐賀鍋島家からも参加が認められた。黒田と鍋島家中の参加が認められたのは、かつて鍋島直正がパレンバン号を見学した前例があったので幕府により承認されたものと思われる。さて、こうした動きを受けて幕府とドンケル・クルチウスの間では、スンビン号(後の観光丸)を日本に贈与すること、二隻の軍艦をオランダで建造すること、操練の専門家を派遣することが決まった。

以上により安政二年七月、再びスンビン号が長崎に来航した。それにはペルスライケン以下二二名のオランダ海軍将兵が教師として乗り組んでいた。幕府は、長崎在勤の目付永井尚志（なおゆき・なおむね）を海軍伝習の責任者に、矢田堀景蔵、勝麟太郎、永持享次郎など三七名の伝習生を任命し、さらには、一九〇名もの諸藩の伝習生も受け入れた。一〇月から始まった伝習は航海術、運用術、造船学、砲術、船具学、測量術、算術、機関学、砲術調練、築城学、騎兵調練、艦砲および山砲教練、手銃教練、太鼓打法などの実用学中心であったが、地理や歴史も教授された。伝習に際しては長崎の阿蘭陀通詞が通訳業務を担当した。実地の航海も行われ、伝習生たちは安政四年（一八五七）には江戸に観光丸（元スンビン号）を回航させるまでに成長していた。この人員と観光丸で江戸にも軍艦操練所が成立したのである。

第二次の伝習は、カッテンデイケ以下三七名の教師によって行われた。彼らは幕府の注文船ヤッパン号（後の咸臨丸）の回航を兼ねて長崎に到着した。このときは、幕府の依頼によって蘭医ポンペによる医学伝習も行われ、飽浦に製鉄所が造られる等の海軍の周辺諸科学の伝習実施や施設建設がなされたのである。この時期の長崎は、まさに西洋軍事諸科学の学習と実践の総合大学とでもいうべき施設と陣容を誇っていた。そして航海実習も壱岐・対馬方面、五島・天草方面、さらに博多・下関・鹿児島といった長距離、長時間にわたる航海実習も積極的に行われた。しかし、阿部正弘が亡くなって以来、阿部の採用した近代化路線は停滞を余儀なくさせられ、安政六年（一八五九）に勝が長崎を離れると間もなく伝習は中止されてしまったのである。しかし、伝習の成果は諸藩において確実に伝えられていった。

（四）長州藩における長崎海軍伝習の成果

最近の研究では、長崎海軍伝習の影響は各藩の海軍創設だけでなく陸軍の創設にもあずかって力があったとされている。[9] すなわち海軍伝習の中に陸軍伝習が組み込まれていたのである。例えば長州藩にとって長崎海軍伝習は西洋銃陣を実地に習得する絶好の機会だった。また長州藩の伝習生選抜の実態をみると、周布政之助とその門下の政治結社嚶鳴社（おうめいしゃ）がかかわっていたことが指摘できる。しかしそれだけに西洋銃陣に対する風当たりも強く、修業を終えた伝習生に学ぶべしとする藩主の内旨を出さなければ収まりがつかなかったという。つまり、西洋銃陣を排撃する保守派の動きも活発化していたことがいえるのである。結局、周布政之助によって西洋銃陣が推進されるが、それを支えたメンバーのうちに嚶鳴社中が深くかかわっていた。かくして「村田清風の洋学振興策は、周布政之助と来原良蔵が密接に連携をはかりながら一つの核となることにより発展的に継承され」たのである。この西洋銃陣は実践に移され、訓練された主として五〇〇石以下の大組士が後に幕末長州藩の主な軍事力となる諸隊・農兵隊の司令官となった。つまり外圧という危機感だけで諸隊・農兵隊が成立したのではなく、そこには長崎海軍伝習でオランダ人から受けた西洋銃陣の知識と経験による確実な裏づけが存在したのである。

さて、長州藩は、第一次伝習に六人、二次伝習に三六人という大人数を送り込んでいた。彼ら伝習生は帰藩すると、藩の洋式軍艦庚申丸（文久三年：一八六三年の長州藩激派による下関海峡における攘夷決行に登場）建造の設計など建造の諸過程において、また壬戌丸（鉄製蒸気船でジャーディン・マセソン商会のランスフィルド号）の購入に際してはその調査において、さらに、洋式軍艦の遠洋航海訓練の諸局面で重要な役割を果たしたが、それは至極当然なことでもあった。しかし、問題は長州藩の旧式水軍、すなわち三田尻御船手組の勉強不足であり、これはかなり深刻だった。「ことに不勉強ははなはだしく、海軍のことは目や耳の不自由な人と全然変わらず、嘆息のいたり」とか「もともと三田尻全体の悪習でよく勉強するものを忌み嫌うことがあり、藩のために全くよろしくない。せいぜい賞罰を厳明することをおおせ付けられたい」などと評されていたのである。結局、藩当局は旧水軍にあまり期待するところはなかったのである。

しかし三田尻の港湾としての重要性はいうまでもなく、文久三年には三田尻海軍局が設立された。かくして藩では同局で海軍兵学、山口明倫館兵学寮で陸軍兵学、博習堂で語学をそれぞれ教授する態勢が整った。これらの教育機関にも多くの伝習生が教師として名を連ねていた。そして慶応元年（一八六五）三田尻に海軍学校が開設され、博習堂が同校の付属機関とされた。ここでは、能力別に三つの教育課程を設け、また、研究開発コースと実務コースに分かれて海軍学を習得するという本格的な海軍士官の速やかな養成が行われたのである。

以上みてきたように我が国の近代的な航海訓練は、海防というきわめて現実的、そして切実な、時代と社会の要請によって始まり、海軍の創設と展開の過程とともにあったといってよいであろう。したがって、軍事という最高技術が要請される局面であったために、蒸気帆船の時代はそれが使われ、蒸気船になれば蒸気船と訓練船はできるだけ最新式が利用されたのである。そこには、アヘン戦争以降、断片的に伝えられた西洋軍事情報が、連綿と存在したといってもよいであろう。それら情報の上に推進された近代化だったといってよい。しかし、技術は習得できても技術の裏づけたる思想の理解は時間をかければ習得できるというものではない。

例えば、長州藩の海軍創設にきわめて重要な役割を果たした第一次伝習生松島剛蔵を例にとれば、西洋軍事技術を学んだ彼が、つまり彼我の軍事力の差を十分に知っていたはずの彼がなぜ攘夷決行と称して下関海峡を封鎖し、海峡通過の外国船を砲撃する「暴挙」を行っていくのか。自らの限界を知らなかったからなのか。

考えるに彼らは非常に真剣に攘夷思想と運動とを関係づけ、ナショナリストとして攘夷の活動に邁進した。その一方で海軍伝習以来培った西洋軍事学の実践家でもあったのである。結局、身につけた西洋軍事学は、あくまでも彼らの理想とする生き方を実現する手段であって、心のあり方は別だったとしかいいようがない。本来、技術や知識の習得と心のあり方は不可分なものであるが、心のあり方は実にやっかいな問題であって一朝一夕になるものではなく、それまでの環境と日々の積み重ねが重要なのである。(10) 近年、理系のエリート的な人間が、新興宗教にのめりこんでいく様子を聞くにつけこの問題を再考せずにはいられない。

STAGE Ⅳ

幕末の画像情報をめぐって

●*Summary*

今日の電子技術において、文字情報と画像情報では、伝達の速度はどちらかというと文字情報の方が速い。もちろん制作という段階で考えると江戸時代でも文字情報の方が比較的速くできあがるのかもしれない（単色刷りなので）。しかし情報内容の理解という段階を考えるとだんぜん画像情報であろう。かくして、多くの庶民が情報を求めた幕末には画像情報がかなりたくさん制作された。豪華な浮世絵から、瓦版、引き札、番付、双六などなど。それらは庶民が求めたものであり、それを当て込んで作られ、売られたものである。

ここでは特に、開国まで唯一の官営貿易の港だった長崎で売られていた長崎版画、開国後、開港場となった横浜で販売された横浜浮世絵、そして文明開化東京を描いた東京開化版画を取り上げ、それらを「土産版画」としてくくることでみえてくる幕末明治の姿を私なりに描いてみたいと考えている。

また、幕末の大名をとりこにした西洋科学技術文明の中でも、豊富な資金と有能な蘭学者と情報ルートが必要な写真術に関して取り上げたい。その際、従来あまり知られることのなかった尾張藩主徳川慶勝の写真術を見ていくこととする。さらに慶勝のバックボーンであるところの美濃国高須と彼の兄弟が駆け抜けた幕末・明治という時代を取り上げる。

一　「土産版画」とその受容層
――私見、長崎版画・横浜浮世絵・東京開化版画――

（一）長崎へ旅した普通の人々

越後（現新潟県）糸魚川宿の本陣小林家の当主祐之助好光は、文化一一戌年（一八一四）の秋七月に、江戸表を出立して、肥前長崎へ向かった。この長崎行きは、幕府勘定所の御普請役である伯父足立所左衛門に同道したものである。そして、一年の間、足立は長崎奉行所に在勤した。ついて行った祐之助も長崎を一年かけて見聞した。そして、翌亥年の冬一一月に江戸表に二人は帰府する。祐之助は、この長崎への旅の記念として「諸国順覧・懐宝道中図鑑」を江戸の書店で買い求めた。同じものをもっていたが、旅の途中で開いては閉じ、閉じては開いていたので痛んで使えなくなっていたのである。祐之助は、新たに購入した「諸国順覧・懐宝道中図鑑」の裏に

文化十一戌年秋七月江戸表出立、肥前
長崎表江罷越、壱ケ年在勤翌亥年

冬十一月江戸表江帰府、其節求之

御普請役、伯父足立所左衛門殿御同道

小林祐之助好光（花押）

と書き記しておいた…。

私は、平成九年（一九九七）七月二日に、NHK総合放送で放映された歴史教養番組「堂々日本史」の「江戸の華、意地と面子の大名行列」の取材に協力した。その際新潟県糸魚川市の旧家にして、かつて北陸街道糸魚川宿の本陣を務めた小林幹男家の所蔵史料を調査する機会に恵まれた。小林家文書は、その家業である酒造の商標から、「加賀の井酒造文書」ともいわれている。現在、小林家には、酒造関係文書とともに、江戸中期から後期にかけての本陣としての御用日記が、大きな文書箱四つに大切に保管されており、一大特色を成している。その調査の際、たまたま見ていた「諸国順覧・懐宝道中図鑑」の裏に、上記のような興味深い記事が記されていたのである。それをもとに、若干の想像も交えながら、当時の様子を再現してみたのが冒頭の文章である。

糸魚川の本陣の当主が、長崎に行って、一年間も遊学するのも大変珍しいことながら、御普請役を伯父にもっていたことはなかなか興味深い。この伯父足立所左衛門とは何者か、御普請役とはなにか、長崎とどのような関係があるのか、その後、足立はどうなったのか、彼らが見た当時の長崎はどんなだったか、はたまた、「加賀の井酒造」の当主は長崎で、どんな酒を飲んだのか、それは、酒造りにどんな形で残されているのか、いないのか、それから、長崎までの旅の途上ではなにを見たのか、そして、こうした人々、つまり、学問を極める学者とは少し毛色を異にする、広い意味での遊学の者を受け入れる長崎とはどんな町なのか。こんな疑問が次から次へと沸いてきた。

そこで以下に調査の一部結果を紹介しよう。まず、足立は、天明五年（一七八五）に越後で生まれ、文化一一年当時、三〇歳であった（小川恭一氏のご教示）。同年の九月九日に、長崎奉行遠山左衛門尉景晋（かげみち）（いわゆる「金さん」のお父上）と支配勘定藤井順七郎とともに長崎に入った。前任者から事務を引き継ぎ、一年間の長崎在勤を終え、翌年九月二一日長崎を離れた(1)。

御普請役とは本来、関東の水害の実地検分、測量、普請の見積り、普請の実施、河川の管理などを行う幕府勘定所の下役人で、後には関東だけでなく諸国幕府領の新田開発や用水普請、河川管理を行うようになった(2)。また諸国の臨時御用も務めた。今ならばさしずめ国土交通省河川局の技官といったところであろう（ただし、このような比較は参考にはなっても、江戸の役職はあくまでも江戸のそれであって、現代の役職と全く同一ではないことはお断りしておく）。御普請役が、長崎に詰めることになったのは宝暦一二年（一七六二）のことである。この役職は、在地の情報収集も行うことがあった。

足立は能吏だったとみえ、後に御三卿清水家の用人に昇進した。三〇俵三人扶持の御家人から四〇〇俵高、役料二〇〇俵、布衣、永々の御目見得以上、すなわち旗本へと大出世した。[3] 幕末には、表四番町に五一〇坪の居屋敷と四ツ谷に一〇五坪の貸屋敷をもつに至っている。[4]

(二)「異域」として長崎――「異国」の人・物・情報の流入都市

さて、祐之助や足立が訪れた寛政末から文化年間の長崎はというと、特筆すべきは、対オランダ貿易の衰退である。すなわちオランダ本国が、フランス革命軍に侵略されフランスの属領となり、さらにナポレオンのフランス帝国の勢力下におかれたことから、長崎には定期的なオランダ船がほとんど来航せず、アメリカやデンマーク船籍の傭船で細々と日蘭貿易が行われていたのである。ことに文化六年(一八〇九)から同一四年までオランダの貿易船は一隻も来航しなかった。[5]

ところが、フランスと敵対し、オランダのアジア貿易の根拠地ジャワ(バタヴィア)を占領していたイギリスが、長崎のオランダ商館乗っ取りを計画していた。そこで、文化一〇年には、イギリスはシャルロッタ号とマリア号を長崎に送り込んだのである。このときは、出島のオランダ商館長ドゥーフの機転で二隻の船荷をオランダの商品として売りさばき、幕府上層部にもバレずに事なきを得た。このシャルロッタ号は翌年再び長崎に来航し、九月一〇日には、足立の仕えた遠山奉行が見分しているので、足立もその際同道したかもしれない。足立と祐之助がこの年長崎で見たものは、このイギリス船シャルロッタ号のほか、出島のオランダ屋敷や、唐人屋敷、新地の唐人蔵(現在の中華街)、そこでの貿易の様子、また「おくんち」やオランダ人の市中見物、オランダ人の八朔御礼などなど。およそオランダ・中国との貿易にかかわる諸施設・諸行事などで、貿易を行う「異国人」が集住を許された長崎という「異域」の雰囲気を二人は、満喫したものと思われる。

長崎という町は、いわゆる「鎖国」時代に我が国で唯一の官営貿易を行っていた特異な町である。ところで、現在の研究では、「鎖国令」という名前の幕府法令は存在せず、これまでいわれていた「鎖国令」は、老中の長崎奉行に対する指令、日本貿易船並びに異国船・異国人取り扱い細則というべきものであるとされている。(6) それらの指令によって、日本人の海外渡航が禁じられ、ポルトガル船の来航が禁止となり、必然的に、オランダと中国船だけが日本に来航するところとなった。すなわち、長崎から流入する人・物は、オランダと中国のそれに限定されたのである。そして、「異国」の人・物の入り口そのものも長崎一港に限定されることとなった。その一方で、長崎では宣教師や信者の処刑、踏み絵の強制、禁書令といった形でキリシタンが禁止され、情報と知識もオランダ・中国の、それもキリスト教関係外のものに限定されていった。ここに、いわゆる「鎖国」と元禄時代に我が国を訪れたドイツ人ケンペルにいわしめた状況(7)が形成されたのである。したがってこのいわゆる「鎖国」

という状況、つまりこれまで「鎖国令」といわれていた命令によって形成された日本の対外関係が、日本における長崎の位置を決定的にしたことはいうまでもない。長崎は、いわゆる「鎖国」時代において異国の人・物・情報が流入する最大の都市であった。[8]

それらを求めて、吸い寄せられるように全国から商人や日雇い、短期奉公人、見物人、そして遊学者が長崎に流入した。文化一四年六月の時点で、全国からの、先の小林祐之助のような旅人数は一六五四人。[9]当時の総人口は約三万人ほどなので、五・五%が、旅人ということになる。

こうした人々が故郷への土産品として購入したのが、長崎で刊行された、版画による長崎地図であり、また、オランダ船や中国船、出島や唐人屋敷、そこに住むオランダ人や中国人、彼らの行く丸山遊廓などをモチーフにした、割合粗略ではあるが彩色を施した版画なのである。これらはそのモチーフの場所や、刷られ、売られた場所から「長崎版画」と呼ばれている。おそらく「長崎版画」は、長崎に旅した者が、故郷の人々に「異域」長崎の様子を伝えるよすがとされたものであろう。しかし、残念ながら糸魚川の小林家にもこれらは残っていない。これらは粗雑で安価なものであったために、用が済むと打ち捨てられてしまい、残りにくかったのではないかと思われる。[10]私は、この文章の中で、旅人が旅した場所で求めた版画、すなわち長崎版画の類いをあえて、新しい用語である「土産版画」と呼んでみたいと思う。

ところで、「鎖国」時代に海外に開いていたのは長崎だけではない。例えば、北方では、松前氏がアイヌとの貿易を介してロシアや山丹（中国東北部）の文物を入手していたし、南に目を向ければ、薩摩島津氏が琉球を事実上支配して、琉球を介して中国や朝鮮と密貿易まがいの交易を行っていた。また、幕府は朝鮮王国とは正式な国交があり、対馬の宗氏が仲介の労をとり、その見返りとして対朝鮮貿易を独占していた。また、江戸後期には日本海沿岸の諸藩の一部でも来航した異国船を「漂流船」と称して、ひそかに交易をしていたともいわれている。かくして、日本全国の海岸線が、「鎖国」していたのではなくて、異国に対して、実は「開かれていた」ということも指摘できるのである。

しかし、それはあくまでも江戸後期の非公式な状況であって、建前では、公的な交易は長崎に限られ、また、幕府によって許可された貿易をごく一部の大名が行っていた。つまり制限貿易の体制と、朝鮮国王からは将軍の代替わりごとに通信使が派遣され、琉球王国からは、同国王と将軍の代替わりに派遣される使節が江戸にやってくること、それに伴う対外関係が、いわゆる「鎖国」の実態である。

かくして長崎は「鎖国」時代、異国の人・物・情報が流入する、我が国における最大の国際貿易港であったことが理解される。そして、長崎に集まる情報はオランダや中国情報のみではなく、それらの商人を介して北方情報が入ってくることもあり、かつまた長崎防衛の福岡藩や佐賀藩をはじめ対馬藩・薩摩藩も長崎に蔵屋敷や聞役をおいており、[11]長崎は、いわば日本を取り巻く外国・諸地域、および世界に関する情報の集積地、受信基地でもあり、かつ、海外に向けた日本情報の発信基地でもあった。

（三）長崎に行かずして長崎をみた男・鷹見泉石

したがって、小林祐之助のように長崎に行く人間もいたし、一方実際に赴かなくても、長崎に太いパイプがあれば、長崎そのものの情報や、長崎を通じて世界の情報を収集することは可能であった。その例をこれまで何度もとりあげてきた下総国古河藩の家老鷹見泉石にみてみよう。

現在目録化されている泉石資料の件数は、七五七〇件。[12]まだまだ増える可能性があるという。その内容は、形態と泉石の活動に即していえば、古文書古記録では、幕政・藩政・家政関係・洋書・和漢書・地図・書画・器具・書簡・日記（幕政・藩政・個人の各日記）などがある。その中で、対外情報でいえば、蝦夷地やロシアの情報、朝鮮・対馬の情報、長崎の情報の類が散見される。この長崎情報の中には長崎版画であるオランダ船の版画や木版の長崎図、唐人屋敷図の写し（長崎版画をもとに筆写）などが含まれている。また、中国・オランダ、薩摩・琉球、離島の情報などの資料も多く、これらは、一つ一つ専門的であり、かつ全体的には網羅的である。

永用氏によれば、泉石は、情報を管理することに熱心な為政者の側にいる政策実務担当者として、その都度必要に応じて情報を収集していたという。[13]例えば、主君が老中であったときに生じた対外関係事件の情報を収集した資料、すなわちロシア使節レザノフ来航関係資料などがそれにあたる。一方泉石は、最前線で活動していた蘭学者や知識人、幕府役人と、独自に個人的な情報ネットワークを構築して、そのルートから情報を収集していた。

特に長崎でいえば、オランダ人と幕府および日本人商人の間を取り持つ阿蘭陀通詞、中国人との間を取り持つ唐通事、長崎貿易を行う長崎会所役人などからさまざまな文物を入手していた。例えば『雪華図説』の作成の参考資料や中国人書家の揮毫を阿蘭陀通詞から入手している。それらを入手するために古河の特産品などを長崎に送っている様子が彼の日記などに散見される。さらに、泉石の情報収集の特徴は、地図の収集に一大特色があるが、それとてもある分野だけに片よっているのではなく、万遍なくありとあらゆる分野の地図を収集しているという特徴がある。

異国に関するあらゆる情報をできる限り収集し、系統立てていたようである。そして、収集資料群の全体的にいえることで、最も特徴的なのは、最上徳内や間宮林蔵のように現地に赴き調査・収集した情報蓄積ではなく、人的ネットワークを利用して収集したデータバンク的な、いわばデータベースを構築したことである。すなわち、これらのことからすると、いわゆる「鎖国」時代にあっても、また長崎に赴くことができなくても、この時代においても、関心と意志と人脈と経済的余裕があれば、異国の情報は収集できたのである。

かくして、小林祐之助や鷹見泉石のような人々が求めたものの一つが、土産品としての「長崎版画」であったのである。「長崎版画」に描かれた「異域」長崎なるものは、長崎に行ったことのある人々には、土産話のよすがになったであろう。また、長崎をいまだ見たことのない人々にはイメージを膨らませるきっかけとして見られ、語られ、人々の心の中に刻まれて、ある意味では次の「土産版画」の時代を用意した。それは、皮肉にも「異域」長崎の地位を低下させる「鎖国」から「開国」の時代であった。

図Ⅳ-一-1　長崎版画・蘭人外科療治図
（長崎市立博物館蔵）

（四）「開港場」横浜と地方出身者と「横浜版画」

我が国の「鎖国」最大の危機であり、「開国」の幕開けであるのが、ペリー率いる蒸気船艦隊の相州浦賀来航（嘉永六年）であった。これも、実は一年前に、いわゆる「鎖国」下、西洋に開かれていた唯一の窓、「異域」長崎の「異人」阿蘭陀商館長から長崎奉行を通じて幕府老中に通告されていた。[14] しかし、時の老中首座阿部正弘は、危機感をもちながらも、幕府財政官僚の厚い壁に阻まれて有効な対策を取れぬままに、その日を迎えてしまった。しかしそれでも「来るかもしれない」という心構えだけはあったので、ペリーの提出した合衆国大統領親書を受け取り、一年後に返事をすると約束して大混乱を避けることができたのである。

さて、阿部は、親書を公開して大名・旗本に向けて、幕府の対外政策に関する意見諮問を行った。これまで旗本やごく一部の大名に対しての意見諮問はあったが、外様を含む全大名を対象とした意見諮問は初めてであった。さまざまな意見が提出されたが、現実には近代化路線を取ることが採用された。すなわち海軍の創設、台場の構築、人材の登用である。そのうち海軍の創設は、前述したように長崎の阿蘭陀商館長に軍艦の購入が依頼され、到着した観光丸で長崎で海軍伝習が行われた。長崎が近代化の先駆けとなったのである。

一方、ペリーの後にハリスが来日して、安政五年（一八五八）に日米修交通商条約を締結すると、神奈川、すなわち神奈川宿郊外の一漁村横浜村が、貿易港として翌年開港された。ここに長崎は「鎖国」時代の特別な地位を横浜に分与し、かつ取って代わられ、その地位が低下することとなって行った。

さて、その横浜とは二〇〇キロ以上離れた、日本列島のちょうど真ん中に山深

図Ⅳ-一-2　神名川横濱華廓之光景　五雲亭貞秀画　万延元年（1860）
（神奈川県立歴史博物館蔵）

図Ⅳ-一-3　黒船の図　作者不詳　年代不詳（神奈川県立歴史博物館蔵）

い信濃国伊那郡小野村（現在、長野県上伊那郡辰野町小野）という小さな山村があった。当時からある曹洞宗の禅寺、富裕山祭林寺に「小野翁夫妻墓碑陰記」という墓碑銘が残っている。[15] 祭林寺の墓地の中で一際大きな、高さ二メートルほどの墓石に陰刻されたもので、明治二六年（一八九三）三月の銘がある。ここには、横浜のことが記されている。すなわち冒頭は次のようにはじまっている。

「横浜は内外互市の要区たり、その開創の日に井邑の偉蹟人と称するは、小野の君、光賢翁を最も推す。」

山深い、小野の里に眠る、墓碑銘の主、小野光賢なる人物が、横浜開港という一大事業において市井の人で最も偉人と推薦される人だという。以下、現代文にして読み進めてみよう。

幕府は、各国と横浜を開港場とする条約を締結し、横浜開港場建設が始まった。実に安政六年（一八五九）のことである。当時横浜は、臨海の一漁村で、塩焼きの小屋とか蠍（さそり）のいるような田圃しかなかったところだった。条約履行の期日が迫り、幕府は、横浜居住者を募った。光賢の郷里は、山深く、海遠く、世間の動向はまれに聞く程度であったが、光賢は、この横浜開港と移民募集を聞いて、「これは国家の大事である。募集に応じないわけにはいかない」と横浜移住を決意したのである。さて、横浜に移民してくるものは、蟻の作る村のような、あるいはハリネズミの群れの如く、喧嘩や怒号が絶えない、無秩序な状態におかれていた。その上、外国商人のすばしこいことといったら風のようである。そんな中で、幕府の役人は、光賢の風采が非凡であることを認めて、名主に任命したところ、人民がこれに従った。これより光賢は、市政に携わり、尽力した。かくして今のような町並みが形成され、零細な民もさまざまな職業に就くことができるようになり、光賢らを頼みとする人々が多く生活するようになったのである。

ここには、横浜開港とその発展の様子とそれに寄与した光賢の功績をさりげなく描いている。光賢が、小野の郷で横浜開港と移民募集を聞いたこと、国家の大事として役に立とうとしたこと、海千山千の連中の中で、風采が非凡だったことから、名主に任命されたことなど。この時期の新開地社会を支えた人々の存在をよく描写していると思う。

ここに登場する小野光賢は、文政元年（一八一八）、信濃国伊那郡小野村名主家筋小沢小左衛門茂郷の次男として生まれた。(16) 後に、同じく名主家筋で二軒隣の橘屋小野光珍（みつかた）の養子となったが、安政六年（一八五九）の小野大火によって、家運が傾き始めたため、光賢は、横浜に出たといわれている。開港直後の横浜で、光賢は、本町五丁目町役となり、その後、同町名主、さらに坂下町名主を兼帯し、太田町一円兼帯名主も務めた。

この時期の横浜に関しては、五雲亭貞秀の「横浜土産」や「横浜開港見聞誌」などに画像や文章が載っているが、残念ながら光賢ら、初期横浜を支えた町会所の人々のことは描かれたり、書かれたりということははなはだ少ない。ただ、彼らが勤務した町会所の建物そのものは、横浜版画にもはっきりと、割合大きく描かれている。しかしながら、彼らの仕事ぶりを後生に伝えるべく町会所に保存されていた公文書類は、慶応二年一〇月のいわゆる「豚屋火事」でほとんどが烏有（うゆう）に帰した。それゆえ幕末から明治にかけての横浜のことはあまりよくわからないのである。

それはともかく、明治元年（一八六八）のときのこと、光賢五〇歳。この年横浜を摂収した明治新政府は、横浜の町制改変を行った。従来の総年寄、名主を廃止して、新たに総年寄、名主を各一名公選とした。光賢は、このとき、横浜町の名主に当選した。その後、明治二年には、境町名主、同三年には、羽衣町名主、野毛裏埋め立地取締役を務めた。そして、名主が五名に増員され、光賢は、羽衣町名主を免じられて、横浜五か町、境町、洲干町、弁財天町の名主となった。しかし、このころから、激務のため病気がちとなり、二月より四月は、職務を休むことが多かったようである。これは、彼自身が、同三年一月より翌四年一二月まで記録した『横浜町会所日記』(17)に見えている。それから同四年一二月には、五人の名主の担当地域が明確となり、光賢は、本町一・二丁目、海岸通一・二丁目、元浜町一・二丁目、北仲通一・二丁目、南仲通一・二丁目、弁天通一・二丁目、太田町一・二丁目、境町一・二丁目の町政を担当することとなった。さらに、この年、総年寄は市長、名主、副市長と名称を変えた。光賢も副市長の一人となった。

では、光賢が、携わった横浜町名主とはどんな仕事をしたのであろうか。『横浜町会所日記』より少し拾ってみる。

明治三年一月一〇日、境町越前屋の支配人の召使が、本町五丁目で、洋銀手形一一〇〇枚を拾得したことを届けた。同一一日境町地所の拝借願いを提出していたものが、沙汰がないのでもう一度出願したいといってきた。同一二日吉原町玉泉楼持長屋よりボヤ、早々消火。家主と借地人両方より届出。二月二日、夜九つ時ころ、野毛町埋め立て地より出火、吉田町まで飛び火、御救小屋にて炊き出しをする。二月五日自身番よりの報告、非人体の男が境町に行き倒れている。二月一二日本町四丁目油屋の軒下に二歳くらいの女児の捨て子ありとの報告。二月二二日湯屋で入浴中衣類を盗まれたとの報告。二月二六日本町一丁目善兵衛の借地の納屋で正兵衛の家内と姉が首を括って死んでいた。届出と、検使の派遣申請を正兵衛がした。

以上のとおり、横浜でいろいろなことが起こるたびに町会所は忙しいのである。名主の仕事は、市中の住民からのさまざまな申請書、訴状、地所拝借願、渡世願、上地届、退身届、養子相続届、人別に関するさまざまな届を取り扱う(18)。また、町会所の諸経費に関する業務、外国商人と日本商人の売買品の調査なども行っていた。さらに、引用したように、拾得物、捨て子、行き倒れ、盗難などの治安関係の仕事もしていたのである。その上、日記を見ると、故郷小野村をはじめ、小野周辺の伊那谷の村々から光賢を頼ってくる人々が相当あったようである。信州上伊那地方から横浜に出てくる人々のまず頼る先が、光賢や光景だった。

こうしてみてくると、横浜港や外国船、日本人町や外国商館、公使館などをモチーフとして横浜のにぎわいを描いた「横浜版画」は、光賢ら地方出身者にとっての格好の横浜案内であり、かつまた彼らの土産物となったことは、十分に考えられる。

横浜に出てきた地方出身者の手には「横浜版画」が握られ、それらと現実の町並みが比較された。また、地方に帰ることとなった彼らは「横浜版画」を故郷の人々のために買い集めた。かくして、膨大な数と種類の「横浜版画」が制作された。そして、故郷に帰る地方出身者の手により大量の「横浜版画」が地方に流れて行ったのである。しかしながら、現在この「横浜版画」を刊行当時に入手して、以来、そのまま所蔵している事例を寡聞にして知らない。ただ、信州小野宿の問屋小野家（小野光賢の実家とは別の家）には、幕末に刊行された美人画の浮世絵版画を枕屏風に仕立てたものが残っていることから、「横浜版画」も大いに地方に持ち帰られて、もしかしたら屏風や三幅対に仕立てられたものもあったかもしれない。

ただし、「横浜版画」の多くは江戸で出版されたものであることは注意を要するところではある。

（五）プロパガンダとしての「横浜版画」と「東京開化版画」

そして、さらに重要なのは、多くの「横浜版画」が「開港場」横浜を肯定的にとらえていることである。すなわち「横浜版画」の根底に流れる幕府の開国政策の肯定は、先に紹介した小野光賢の、横浜開港は「国家の大事である。募集に応じないわけにはいかない」という決意と非常に近いものがあるように考えられる（もちろん刊行場所が江戸という、将軍のお膝下での発行という事情もあっただろうが）。つまり私は、「横浜版画」は、幕府よりの、つまり幕府の政策を支持する雰囲気を醸成するために、かくも多く発行されたのではないだろうかと考えている。もっといえば幕府が版元に対して、そうした有形・無形の圧力をかけていたのではないだろうか。なぜなら、「横浜版画」は、攘夷運動が最も高揚した、つまり異人斬りが最大限に横行した万延・文久期（一八六〇―六三）に多く発行されているからである。おそらくこうしたところに、「横浜版画」というものの意図があったように考える。

そして、後になって、結局は幕府と同様の開国と近代化の路線を歩まざるを得なかった明治新政府も「東京開化版画」とも称すべき文明開化の東京の諸相を描いた版画を作らせあるいは、支援して、自らの政策のプロパガンダに利用したのではないかと思う。例えば明治三年（一八七〇）ごろから出回り始めた、鉄道を描いた錦絵。洋書の挿絵などをもとに、まだ見ぬ蒸気機関車と二階建ての客車を描いている。明治四年、五年ともなると、だんだんと実物に近くなっていくが、実物が走らなければこうしたものが売れる可能性は少ないにもかかわらず、出回るのは、何か裏があるように思えてならない。つまり、これまでみてきたように幕末期の錦絵は現実にあるものを描いて、土産などとして受容されてきた。まだできていないものを描いた錦絵は、売れる可能性が少ない。やはり政府筋から何らかの援助があったと考えられるのである。かくして「横浜版画」と同様に時の政府の意向を迎えた「東京開化版画」が、彫られ、刷られ、売られて、地方出身者によって全国各地に大量に運ばれ、文明開化の東京が、語られ、イメージされて、東京と似たような、小東京とでも称すべき、東京の文明開化を模倣した地方都市が日本各地に出現する。それはつまり、明治政府の政策の浸透に「東京開化版画」があずかって力があったと思われる。

以上のように「横浜版画」と「東京開化版画」に、プロパガンダとしての機能を認めるとするならば、納得のできることが一つある。それは、こうした版画が特定のコレクション、それも昭和期以降に成立したコレクションに集中して存在している理由である。

つまり、「横浜版画」が幕府の開国政策の肯定であれば、攘夷派にとって「横浜版画」は誠に唾棄すべき、うとましい代物で、こうしたものを制作すること、売ること、もつことが攘夷派の攻撃の対象となったのではないだろうか。したがって、多くの「横浜版画」は制作され、販売されると同時に一方では破棄されたと想像される。かくして一点につき何万枚と板行された「横浜版画」も現在は本当に貴重なものとなってしまったのである。同様に「東京開化版画」も自由民権運動や反政府運動の中で消滅していったとも思われる。もちろん、数が少ないのは、それだけではなく、時事問題を扱ったものの宿命として、割合早く忘れ去られてしまった結果として打ち捨てられて、自然消滅したり、関東大震災、第二次世界大戦、高度経済成長による歴史的資料の消失・破壊・消滅も十分に考えられる。しかし、地方名望家や豪農の資料群の中にもっと残っていていいはずのこうした「土産版画」があまりにも少ないのは、版画のもつ政治性と政治事件との関連があったのではないかとも想像されるのである。

二　幕末の「記録写真家」徳川慶勝

(一) 徳川義恕（慶勝）の出自

盛斎徳川義恕（よしくみ）は、文政七年（一八二四）三月一五日に、御三家筆頭である尾張藩の支藩高須三万石の松平家一〇代義建（よしたつ）の第二子として生まれた。幼名秀之助。弟たちには、後に徳川慶喜の将軍就任により、一橋家を継ぐ玄同徳川茂徳、会津藩主・京都守護職となる松平容保、容保とともに佐幕派の急先鋒で京都所司代となる松平定敬（桑名藩主）がいた（いわゆる「高須四兄弟」）。

（二）尾張藩主となる

父義建は、子供たちの将来を期して、彼らに十分な素養を身につけさせた。そうした甲斐あって、義恕は、嘉永二年（一八四九）六月四日に尾張藩六一万九五〇〇石を相続して第一四代藩主となり、慶恕とあらためた。二六歳の夏である。

慶恕以前の歴代尾張藩主は、幕府からの、いわゆる「押付け養子」が続いていた。すなわち一〇代斉朝は一橋治国の長男で、寛政一二年（一八〇〇）に尾張徳川家に入った。以来、一一代斉温が将軍家斉の一九男、一二代斉荘が同じく家斉の一一男で田安家当主から襲封、一三代の慶臧も田安家から入っていた。

こうした中で、「押付け養子」藩主とその側近に対する不満をもつ中級藩士ら（寛政の軍制改革以来勢力をもった大番組番士が多い）は、目付田宮弥太郎（如雲）を中心に「金鉄党」を結成して、高須秀之助義恕（慶恕）を藩主に擁立せんと奔走していた。

水戸斉昭は、嘉永二年四月二〇日付で伊予宇和島藩主伊達宗城に書翰を寄せ、「名古屋の国元では、もし田安家から養子が来ても国元の金穀はいっさい出さないと主張している」と名古屋の情勢を伝えている。このような情勢下で、さらなる「押付け養子」は困難とみた幕府は高須秀之助の本藩襲封を認めたのである。

（三）慶恕の藩政改革

慶恕は、嘉永四年に初入国すると早速、海防施策を中心課題とした藩政改革に着手した。すなわち、大番組番士で、「金鉄党」の伊藤三十郎こと茜部相嘉（あかなべすけよし）の海防建白書「防禦一巻」（徳川林政史研究所蔵）を、尾張藩付家老・犬山城主成瀬正住より見せられ、同書を筆写した。「防禦一巻」は、尾張藩主を東海・中部の軍管区の司令官と位置づけ、その具体的な軍政を建策したもので、そのうちのいくつかは慶恕によって実現をみた（後述）。つまり、「防禦一巻」は、嘉永四年以降、慶恕の行う海防施策＝改革のグランドデザインとなった重要な建白書であった。

また、慶恕は初入国すると「政事旧弊ノ一洗」を目指して、人材登用・財政再建・海防施策などの藩政改革を行った。

その第一が、改革を妨げる加判役中西長穀（ながよし）・佐枝（さえぐさ）種武を斥け、肥田忠篤・山澄豊尚・高木秀眞（ひでまさ）を家老職とする人材登用であった。特に佐枝は二八年間も江戸詰・側用人・側懸の要職にあって幕閣要路と結びつき、「押付け養子」藩主を迎えるパイプ役だったため「金鉄党」から恨まれていた。しかし、慶恕は、早急な人事は行わず、徐々に中西・佐枝らの力を削ぎ、嘉永五年の二月に至って佐枝を名古屋に召喚し、八月に中西の加判差止めを行った。

第二は財政再建。前代からの藩債の類増に加えて、特に嘉永三、四年には、空前の暴風雨が領内を襲った。慶恕は、年一万九〇〇〇両ほどもあった藩主の手許入用金をわずか二〇両に切り詰め、江戸定詰を廃止して期年交替制に切り替えた。また、嘉永六年には、不要な土地建物を売却し、町方在方の有力者に財政再建への協力を呼びかけた。その上に嘉永七年、家中からの献金をさせ、安政二年(一八五五)、御目見以上の半知召し上げを行った。それでもなお負債が残ったため、翌年、債権者を城内に招集して、前例のない藩財政の公開を行って協力を依頼した。こうして積年の負債はその大半を整理することができたといわれている。

(四) 慶恕の海防施策

さて、慶恕は、先の茜部の海防建白書「防禦一巻」をもとに海防施策を中心とした各種改革を推し進めた。すなわち、知多半島の烽台による通信手段の整備、台場建造・大砲鋳造である。特に知多半島の海岸防備には、尾張藩の水軍を統括する舟奉行千賀与八郎信立をあてた。また慶恕は、藩士の惰性を叱責し、藩士の講義を聴聞したり、各種の演習、大砲の発射など、開催日にはほとんど検閲したといわれている。

慶恕は、翌嘉永五年（一八五二）の春、参府のため名古屋を出発するが、留守中に藩士たちが軍事調練をさぼらないように、各流派ごとに、師範の姓名・役職・参加門人数・皆勤者数の書き上げを提出させ、それを二冊にまとめさせた。慶恕自ら筆をとって「師家姓名」（名古屋市蓬左文庫所蔵）と題している。鉄砲師範と、剣・槍・弓で二冊組み。鉄砲師範の方は、四五人、門人数一六一〇人、皆勤者一六九人が書き上げられている（皆勤率は約一〇パーセント）。興味深いことには皆勤者がない師範か、皆勤者が一名の師範、都合一七人の中で五人に関しては、その書き上げ部分全体に白紙の付箋が貼られている。特に目にあまるこの五人に関して、何らかの対応があったらしい。慶恕は、茜部の海防建白を実行に移すとともに、施策の貫徹を図るために細かいチェックを怠らなかった。

（五）ペリー来航と慶恕

江戸に参府した慶恕を待っていたのは「ペリー来航予告情報」だった。慶恕ら雄藩大名は、ペリー来航直前に、積極的に動いたが、大きな成果を収めることができぬままにペリーの来航を迎えてしまった。しかしペリーの来航そのものは、海防施策実施の必要性を一層顕著なものとし、尾張藩では、書院番・御軍用御備等補助で長沼流軍学師範の近松彦之進矩弘（のりひろ）に命じて、軍学研究を行わせ、寛政の軍制に基づいて軍制改革を行わせた。さらに切迫する情勢への対応として元加判役渡辺半蔵に百人隊を預けて江戸へ向かわせた。その上に「重臣以下刀筆吏ニ至マテ」鉄砲を貸与して演習に参加させた。慶恕にとっては、ペリーの来航も藩士の意識変革に利用すべき事柄だったことが理解できる。

以上のように、慶恕による藩政改革は、ソフト面での進展がかなりみられるが、さらに、ハード面でも進捗（しんちょく）があった。すなわち、安政元年（一八五四）の段階で慶恕が「今度大砲製造如左」として自身で把握していた大砲は十二貫短筒から五百目長筒まで七種、四〇門で、慶恕は、その名称を記し、一門あたりの備蓄している弾丸の数までも計算していた。さらに伝統的な和流砲術稲富流に対しても発射技術の向上を命じ、また「木砲」の製造も行わせた。

このような、慶恕の藩政改革を伴う海防施策は、安政三年ごろピークを迎えた。すなわち、大砲の鋳造と鋳造技術の改良および試射を頻繁に行わせ、また従来の軍船に大砲を積載させた。さらに江戸築地蔵屋敷に台場を築造し、側近をして大砲鋳造の監督にあたらせ、近松矩弘による軍学進講を聞いた。

（六）慶恕の改革の意義

以上のように慶恕の、襲封直後より戸山邸に幽閉される（後述）までの八年間における尾張藩の各種改革は、最初は、人材の登用と財政の再建に主眼がおかれ、次に、慶恕擁立の臣茜部相嘉の建白をもとに、海岸防備に関する各種の施策がとられた。そして、それは慶恕自身の指導によって行われ、彼の側近の補佐を得て、推し進められた。そうした中で、多くの藩士層は、砲術調練という課役によって、その意識を藩主慶恕へと収斂していったと考えられるのである。

一般に政治史における改革という場合は、前代の弊風を改め、新しい制度的枠組みを制定することを改革と呼ぶことが多いが、慶恕による各種の改革は、制度的枠組みの制定というよりは、前代弊風の改良に主力が注がれていたように考えられる。つまり現在の制度の中で、家臣の意識をいかに変革するか、ということである。ただ、その際どのような意識変革を求めるかに関しては、慶恕の学問・思想が大いに関係していると考えられる（表Ⅳ―二―1参照）。すなわち慶恕は、自ら西洋事情を研究し、おそらく藩内で最も西洋事情に詳しかった。したがって、その研究の中で得られた、「西洋列強の軍事パワーの東洋、特に日本近海におけるプレゼンスに対して、藩としていかに対処すべきか」という課題に対しての彼自身の自己変革を、各種の改革――特に海防施策、を通じて広く藩士層に求めたものと考えられるのである。

（七）安政の大獄まで

さて、慶恕は、襲封直後、水戸斉昭や島津斉彬、黒田斉溥、伊達宗城らのいわゆる有志の雄藩藩主らと親交し、彼らから海外情報を入手して、西洋事情を研究した。特に、先に少し紹介した嘉永五年（一八五二）の「ペリー来航予告情報」を、島津から入手し、父義建を通じて斉昭に回達。さらに、老中阿部正弘に対して御三家への情報の正式回達を要求して、これを実現させた。このことは、幕末の政局において、御三家が幕政に容喙（口をさしはさむこと）する端緒となった。

実際にペリーが来航すると、慶恕は西洋事情研究に裏付けられた、避戦論を唱える対外政策の建白書を提出した。この建白は、後の幕府の政策と多くの点で一致するところがあり、幕府内部の空気をある程度把握してもいたと考えられる。

現実にペリーが来航したことは、必然的に慶恕ら有職の雄藩藩主の発言を高めることとなった。しかし、勘定所を中心とした実務吏僚の壁はなおも厚く、慶恕らの意見が幕政に十分反映したとはいえなかった。その結果、安政五年（一八五八）、慶恕は、斉昭・慶喜、松平慶永と、大老井伊直弼を詰問する不時登城事件を起こした。これにより、慶恕は隠居を命じられ、江戸下屋敷戸山邸に謹慎を余儀なくされた。また、彼の側近田宮如雲以下多くが失脚した。慶恕三五歳の夏。跡は弟茂徳が襲った。

（八）謹慎、そして幕政への登場

慶恕はこの戸山邸謹慎の間にコロジオン湿板写真術を研究し始め、後の文久元年（一八六一）以降、自身や茂徳、容保、定敬、また小性・小納戸といった側近（表Ⅳ-二-2参照）あるいは、名古屋・京・大坂・広島・江戸など自らが移動した先々で見た建造物などを撮影し、貴重な硝子写真種板と実験ノート類を残した（表Ⅳ-二-3参照）。

ここで、当時の日本における写真術の導入に関して述べておこう。まず、写真術が西洋でどのように開発されたのか、簡単に述べていく。

一八三〇年代にフランスのダゲールは、ヨー化銀を用いて画像を感光させる銀板写真（ダゲレオタイプ）を研究していた。当時我が国は天保期にあたっていた。そしてこの技術は、一八三九年八月一九日、フランス科学アカデミーと美術アカデミーの会員の前で公開演説され、次いで内務省と国立工芸学校で公開実験が行われた。ダゲールが作成した「ダゲレオタイプとジオラマの技術に関する沿革と明細」と題された小冊子は八か国語に翻訳され、一年半で三〇版を重ねたという。この成功によりダゲールは四等レジョン・ドヌール勲章を授けられたというから大変なものである。

ただしここで、ニエプスとタルボットについて述べておかなくてはならない。フランスのニエプスは、一八一六年に塩化銀と硝酸に浸した紙の上に外界の映像を最初にとらえることに成功した。そして一八二九年にはダゲールと共同研究を行う契約を結んだが、一八三三年に亡くなった。イギリスのタルボットは独自に研究を進めていたが、ダゲールの研究を知って一八三九年講演を行った。タルボットの方法は硝酸銀液をつけた紙ネガに画像を定着させる方法で、今日のネガフィルムからポジの像を得る方法であった。これを「カロタイプ」といい、タルボットは一八四一年特許をとった。そのほか、ベイヤール、ジョン・フレデリック・ウィリアム・ハーシェル卿などといった発明家も写真術の開発に寄与した。

ダゲールの銀板写真の機材と技術が、日本に到来したのは、一八四八年、我が嘉永元年のことである。長崎の町役人の一人上野俊之丞が注文したものである。上野によれば、これは、天保一四年（一八四三）一度招来したが、持ち帰られたものだとコメントがある。これを最終的に入手したのは薩摩藩主島津斉彬であった。島津は、長崎に聞役として家臣を駐在させて海外情報の収集を図っており、また長崎にさまざまな手づるがあり、かつまた西洋技術の導入にかなり熱心だったので、その過程で写真術を知り、上野から入手したものと考えられる。さらに、琉球貿易などの副収入でこうしたこと

表Ⅳ-二-1　徳川慶勝御手許文庫の蔵書分類

項目	部数
海外情報関連	五六
ペリー来航関係	二〇
外国船・海軍関係	一〇
海外情報（一般・個別・伝記・種痘）	二六
改革関連	一三四
軍学・海防関係	五九
上書	二〇
水戸学・斉昭関係	一〇
対幕府関係	五
藩政関係	二一
政治情報	一九
家政・学芸・教養	七二
家譜・系譜	一一
史籍	五
算術・書画・漢籍・馬術・放鷹	五六
その他	一〇三
合計	三六五

註：徳川林政史研究所所蔵「目録」より作成。

に回せる資金が潤沢だったのであろう。

この後島津は熱心に写真術の研究を進めた。水戸の斉昭との間に写真術の技術的な情報のやり取りを行ってもいる。島津に協力した蘭学者は川本幸民といって播磨の三田藩という小藩の医者だったが、嘉永期から島津が、特に掛け合って薩摩藩に召し抱えた。もっとも正式に移籍が行われたのは安政四年（一八五七）のことである。と同時にこの年の五月に川本幸民は、江戸で銀板写真術による撮影に成功している。そしてこれが、九月の薩摩国元での成功を導いた。一方、島津の縁者で福岡藩主の黒田斉溥も写真術研究に入れ込み、側近を長崎に派遣して情報を収集させ、安政期（一八五四―六〇）に成功したといわれている。島津も黒田も尾張藩主徳川慶恕とは海外情報を交換したり、政治的にも同一行動を取ったりしたことは、前に述べたとおり

表Ⅳ-二-2　徳川慶勝に撮影された人物の役職

役職名	人数	小計	百分率
小性頭取（含介）	4		
小性（含見習）	11	15	25.4%
小納戸頭取（含格）	5		
小納戸	17	22	37.3%
奥医師（含見習）	13		
数寄屋頭	1	14	23.7%
年寄	1		
側用人（含並）	2		
用人並	2		
目付	2	7	11.9%
商人	1	1	1.7%
合計	59	59	(100%)

註：表Ⅳ-二-3の1「写真陰像留書」（徳川林政史研究所蔵）より作成。

である。慶恕が写真術に関心をもったのもこうした交友関係が働いているからと考えられる。

ところで、これらの銀板写真は一回の感光で一枚の銀板の写真ができるだけというもので、技術的にも面倒なものであった。

一方、西洋では新しくコロジオン湿板写真術が一八五一年、フレデリック・アーチャーによって開発され、安政期には日本にもたらされた。これはコロジオン溶液を引いたガラス板を硝酸銀に浸し、感光撮影してガラス板から印画紙に紙焼きするもので、同じネガ・ポジ法のカロタイプに比べてもかなり鮮明な画像が得られる方法だったので、コロジオン湿板写真術は日本でも大いに普及した。特筆すべきは、同写真術は、安政四年の長崎における医学伝習時に、オランダ医師ポンペ・ファン・メーデルフォールトによって紹介された。そのとき伝習生の幕府御医師松本良順、福岡藩士前田玄造、そして最初に写真機材を輸入した上野俊之丞の息子彦馬らが関心をもった。この後彦馬は、文久二年（一八六

表Ⅳ-二-3 徳川慶勝の写真術関係史料

番号	史料名	成立年代	訳編著者	備考	所蔵者
1	写真陰像留書	文久２年秋以降	慶勝著・直筆		徳　川
2	真写影鏡秘伝		慶勝著・直筆		徳　川
3	旧習一新記	文久２年８月18日	慶勝著・直筆		徳　川
4	写真帳		慶勝編・直筆	写真12枚張り込み	徳　川
5	ヒュールバーケンス図説	慶応２年７月	伊藤圭介訳述		名古屋
6	写真雑誌　第一号	明治10年11月刊	日奴舎主人訳述	奥付では深沢先生訳	名古屋
7	ホトグラヒー　第二号				名古屋
8	映画式　英人クレイン口伝書			慶勝直筆の貼紙あり	名古屋
9	中野隆甫・上野幸馬伝授書記				名古屋
10	写真諸葯法書			「本所徳川」の掛紙	名古屋
11	英人クレイン伝蝋引映画之式		辻礼輔訳		名古屋
12	大坂中川新助之法				名古屋
13	鈴木真一伝法葯浜書			「本所徳川」掛紙	名古屋
14	辻禮輔写真伝法				名古屋
15	写真新法書				名古屋
16	真写影鏡説			外題は慶勝直筆	名古屋
17	安諾里多比篇				名古屋
18	瞬間写真法		熊澤善庵訳述		名古屋
19	紙及び玻璃版上ニ物象を写ス方		ポトヒリュス著		名古屋
20	思氏映画鏡論巻　序目	元治元年９月	スノース著　柳河朝陽訳		名古屋
21	思氏映画鏡論巻　巻四下		スノース著　柳河朝陽訳		名古屋
22	思氏映画鏡論巻　巻六		スノース著　桂諄斉訳		名古屋
23	思氏映画鏡説巻第15・16篇		スノース著　佐々木貞庵訳		名古屋
24	思氏映画鏡説巻第15・16篇		スノース著　佐々木貞庵訳		名古屋
25	写真薬品調合記	明治７年９月			名古屋
26	写真薬剤篇				名古屋
27	写真諸薬品調合記	明治11年１月写		史料10と同一	名古屋
28	写真諸薬品調合記				名古屋
29	写真諸薬調合留	明治７年１月写			名古屋
30	ウレウム製法	慶応３年４月	伊藤圭介訳述		名古屋

一九九〇年十月現在

凡例　①史料の順番は史料４を除き「旧蓬左」の請求番号順とした。

　　　②史料名は多くは内題に従った。

図Ⅳ-二-1　右よりの西の丸月見櫓・深井丸御櫓台・鋳多門櫓・西北隅櫓（清須櫓）・西弓矢多門櫓・弓矢櫓の連続写真　西弓矢多門櫓と弓矢櫓の間に入口のいわゆる「水汲窓」が認められる。清須櫓対岸の紅葉矢来付近より撮影。（徳川林政史研究所所蔵）

二）日本で初めての職業写真師として写真館を営業することになる。なお同年横浜ではアメリカ人ウィルソンに学んだ下岡蓮杖も開業している。

このように慶恕が、謹慎をしていた時期は、日本の写真史上ちょうど銀板写真からコロジオン湿板写真術に移行する時期にあたっており、慶恕も当時最新のコロジオン湿板写真研究に打ち込んでいたのである。

さて、慶恕は、万延元年（一八六〇）許され、慶勝と改名（以下本稿では慶勝と呼ぶ）、実質的に藩政に返り咲いた。文久三年、茂徳が隠居し、慶勝の三男義宜が藩主となると、名実ともに藩政を主導した。元治元年（一八六四）四一歳のとき、第一次長州戦争で幕府軍総督を務めた。このときも、京都宿所知恩院や孝明天皇より下賜された花生や二条家での引出物などを撮影し、さらに大坂城や本営の広島城および城下武家屋敷、宿所を撮影している。しかし、戦後処理では長州藩に寛大な処分を行ったために、幕府首脳部からは疎まれ、

これ以降政治上の活躍の場はあまりなかった。このころから明治初年にかけて名古屋城本丸・二の丸・三の丸御深井(おふけ)御庭、新御殿、熱田の東・西浜御殿、江戸下屋敷戸山邸など貴重な建造物写真を撮影している。

慶勝の写真の特徴は、それだけにとどまらず、名古屋城や熱田などでは写真台を回転させて、連続写真を撮影していることである。こうした連続写真は横浜を撮影したベアトの写真などが知られる程度で数が少ない。私は慶勝こそ、日本人で最初のパノラマ写真家ではないかと考えている。

そして彼の写真に対する関心は時代が変化しても衰えることなく、明治期も、移り住んだ浅草や本所の風景を撮影している。その中には台風の後の町並みもあり、彼の記録写真家としての面目が躍如している。

(九) 明治維新と慶勝

明治元年(一八六八)、慶勝は朝廷の議定職(ぎじょうしょく)となり、藩論を勤王に統一して(青松葉(あおまつば)事件)、近隣の諸藩に対して勤王を誘引。また信濃征討に出兵し、明治維新に一定の役割を果した。明治三年に名古屋藩知事となるが、翌年廃藩。同年東京に移住し、同八年には浅草瓦町の邸宅に明治天皇を迎えた。明治期は旧臣授産のため北海道八雲の開拓を援助した。

（十）歴史の記録者、徳川慶勝

以上みられるように、慶勝の経歴がそのまま幕末の尾張藩の動向を示すといっても過言ではないと思われる。そして徳川慶勝の生涯のうちで、彼が写真撮影に力を注いだのは戸山邸謹慎から、赦免そして廃藩まで、すなわち、結果的に、激動する幕末を写真で記録したことになる。

慶勝の残した写真は、自ら藩政改革を主導し、幕政にも重きをなした慶勝の事蹟と軌を一にするものであり、そして、さらに幕政から一歩引いた後、自らを歴史的映像の記録者と位置づけ、ひたすらレンズを通して歴史を記録することに専念した人間の残照なのである。(1)

三　写真にみる高須四兄弟の幕末・明治

徳川家康は、将軍家に継嗣（し）がない場合、尾張・紀伊の二家の当主を将軍家に迎えるという構想をもっていた。つまり、九男義直・十男頼宣（よりのぶ）という二人の息子にそれぞれ別家を立てさせ、旗本からは人材を選んで御付衆とした。尾張家は、義直を初代として、幕末の一六代義宜まで続き、のちに水戸家を加えた、いわゆる「御三家」の筆頭であった。

義直は、子に分知することはしなかったが、二代光友は子が二二人もいたため、子息の義昌・義行・友著にそれぞれ新知を願って幕府に許可された。

図Ⅳ-三-1　現在の名古屋城

義行は、美濃国高須城主となったので、義行の系統は高須松平家、あるいは江戸上屋敷の所在地より、四谷家と称された。義昌の系統は大久保家、友著は川田久保家という。

この三家は、尾張家における「御三家」ともいうべき役割を果たすことを期待されていた。例えば川田久保家の二代友相は、高須家三代義淳となり、さらに尾張八代宗勝となっている。

しかし大久保家は三代、川田久保家は二代で系統が絶え、幕末まで続いたのは、高須家のみであった。

この高須家一〇代義建の二男が、義恕（文政七年〔一八二四〕生）、後の尾張一四代慶勝である。そして五男義比（天保二年〔一八三一〕生）が、尾張一五代茂徳で、徳川慶喜が将軍家を相続した後一橋家の一〇代となる茂栄。七男鉎之允（天保六年生）が、幕末の京都守護職で会津松平九代容保。八男鍥之助（弘化三年〔一八四六〕生）が、京都所司代で桑名松平一四代定敬である。（図Ⅳ-二-2～5、四兄弟の写真）

ここで四兄弟の実家の領地高須を紹介しよう。

岐阜県海津町高須は、揖斐川と長良川に挟まれた、豊かな穀倉地帯である。江戸時代は、尾張徳川家の分家高須松平氏（三万石、大広間）の居城があったが、現在は堀（御殿池）の一部が残っているだけである。

揖斐川を渡った南濃町の山麓にある古刹、臥竜山行基寺は、高須松平氏の菩提寺で歴代の墓所がある。また、行基寺書院の戸棚には、一〇代義建の流麗で闊達な書が散りばめられている。その書はどこか、水戸斉昭の書と相通ずるものがある。

それもそのはず、義建は水戸中納言徳川治保の二男義和（高須松平家九代）の第二子。治保の長男治紀の三男には斉昭がおり、義建と斉昭は従兄弟となる。その上、義建の正室は斉昭の姉であるので、義兄弟でもあり年齢も義建の方がわずかに一歳年上なだけである。

義建と斉昭は当然親交があったが、斉昭にいわせると、義建は詩歌、書をよくする文人ではあるが、誰からも好かれていて、当時の重要課題である皇朝の防衛に心を砕くという点では、つまり軍事指揮

図Ⅳ-三-4　松平容保　28歳。文久2年11月から12月18日以前に、兄慶勝が撮影したもの。この8月に容保は、京都守護に任じられたので、形見の品とも思われる。慶勝とは11歳違いである。　（徳川林政史研究所所蔵）

図Ⅳ-三-2　徳川慶勝　38歳。文久2年（1862）の秋撮影、このときは名古屋にいた。（徳川林政史研究所所蔵）

図Ⅳ-三-5　松平定敬　17歳。顔の痘痕は天然痘の跡であろう。当時はこうした痘痕顔が一般的であった。定敬は元治元年（1864）、19歳で京都所司代に任命され、兄容保を補佐し、激動の京都にあった。大政奉還後は、大坂、江戸、柏崎、会津、箱館と移戦した。慶勝とは22歳違い。
（徳川林政史研究所所蔵）

図Ⅳ-三-3　徳川茂徳　32歳。慶勝とは7歳違い。当時は尾張藩主であるが、月代（さかやき）を剃っていないので、文久3年に隠居して、玄同と称したころかも知れない。慶応元年（1865）慶喜が徳川将軍家を継ぐにあたって玄同が一橋家を相続し、茂栄と改めた。
（徳川林政史研究所所蔵）

官ないしは政治家としての資質の点では、かえってどんなものか、と危ぶんでいる。

確かに、義建自身は文雅に生き、政治的な業績はほとんどなかったが、子供たちの将来を期して、彼らに十分な素養を身につけさせた。その結果、慶勝（よしかつ）は六一万九五〇〇石の尾張藩主に、茂徳（もちなが）は尾張藩主から一橋家当主に、容保は会津松平家（藩祖は三代将軍家光の弟保科正光。二八万石、溜間）に、定敬も老中松平定信を出した家である桑名松平家（家康の異父弟定勝の三男定綱を祖とする。六万五六〇〇石余、帝鑑間）に、それぞれ養子として迎えられることとなったのである。

※高須松平家は、尾張徳川家二代光友の二男義行を祖とし、天和元年（一六八一）に三万石で大名となった。大広間席、従四位下少将で、国持大名のうち島津・伊達の次、細川・鳥取池田家の上に位置している。幕末のころ、上屋敷は四谷に二万一四七八坪、拝領下屋敷は角筈に一万坪、同所に抱屋敷を一万四〇六七坪持っていた。

なお、高須へは、JR東海道本線大垣駅より近鉄養老線駒野下車、徒歩約四〇分。

さて、明治一一年（一八七八）九月、高須四兄弟が一堂に会して写真を撮影した。慶勝がこの後、一〇月一二日にそれまで務めていた徳川宗族長をやめることになったこととなにか関係があると思われる。それで写真を撮ることにもなったのだろう。このとき四人の心に去来したものは何だったのだろうか。

図Ⅳ-三-6　高須四兄弟　向かって右から尾張徳川慶勝（55歳）、一橋茂栄（48歳、茂徳、玄同）、会津松平容保（44歳）、桑名松平定敬（33歳）。明治11年9月　（徳川林政史研究所所蔵）

慶勝は藩論を勤王に統一して（青松葉事件）、東海諸藩を勤王に誘引し、官軍として江戸城受け取りを行って、朝廷側に立った。一方、一橋家を継いだ玄同改め茂栄は、上野寛永寺に入って自ら謹慎している、一橋前当主にして先の征夷大将軍徳川慶喜の助命嘆願のために、駿府城まで赴き、大総督有栖川宮に面談した。容保は、鳥羽・伏見の戦いに敗れ、慶喜とともに江戸に下り、会津に帰国、会津若松城に立て籠もった。一か月の間、新政府軍と戦って敗れ、その後、鳥取池田家に預けられて、明治五年に許された。一番下の弟定敬も、鳥羽・伏見の戦いに敗れ、慶喜とともに江戸に下り、柏崎、会津、箱館五稜郭と転戦したが、武運つたなく、江戸の尾張藩邸に出頭し、津藩に預けられ、同じく明治五年に許された。

明治一一年には、慶勝五五歳、茂栄四八歳、容保四四歳、定敬三三歳。現代の同じ年齢と比べれば、写真の慶勝らの方が格段に年を取っているように見える。

この後慶勝は、明治一六年に六〇歳で死去し、茂栄は翌一七年五四歳で亡くなった。容保は明治一三年に日光東照宮の宮司となり、同二六年五九歳で死去。定敬も、同二九年に東照宮の宮司となり、同四一年、六三歳まで生きたのである。

STAGE V

歴史情報の保存と普及

●*Summary*

第五番めのステージは、これまでの歴史学的研究に利用してきた史料に関して考えたい。ここでは史料を歴史情報が満載された資源であると考え、この歴史情報資源を未来に伝えていくこと、つまり保存と、よりよい状態で保存しながら、どう利用し普及させるかを考えたい。具体的には歴史情報資源の保存と普及を行っている、記念館・博物館・史料館・資料館・文書館・図書館に関して考えてみる。

今日、これらの施設は社会教育施設と位置づけられ、生涯学習活動の伸展とともに施設の拡充が叫ばれつつある。しかし、まだまだ行政の対応は遅く、特に国の機関における情報公開と公文書の公開・保存に関しては、発展途上、いや後進といっても過言ではない。本来、上述の施設は未来の市民・国民に対して文化や歴史の情報資源を保存していくものであり、保存を妨げない限り、十分に活用するために存在しているものである。いってみれば、地域や団体、個人の心のよりどころであり、「心の福祉」さえも実践する大切な場所でもある。これらに関して、自分の生まれた故郷、信州小野盆地を例にとって記念館・博物館・史料館・資料館・文書館・図書館に関して考えてみたい。

一　信州小野盆地の記念館・資料館設立ブーム

(一) はじめに

一九九六年の夏、二〇数年ぶりに、母校の、辰野町・塩尻市小学校組合立両小野小学校（以下、両小。また傍線は岩下による）を訪れた。教頭先生より、児童として通学していたころは知らなかった、いろいろと貴重なお話をおうかがいしたが、中でも興味深かったのは、農協主催の書道展の話だった。

両小は、その長ったらしい名前のとおり、長野県上伊那郡辰野町小野地区と同県塩尻市北小野地区の学齢児童が通学する、長野県で唯一の組合立小学校である。この組合立小学校という、地域の歴史的環境によってもたらされた存在形態が、現代の教育に及ぼす影響の具体例が、以下に述べる、農協主催の書道展出品のエピソードなのである。それゆえ、まず、この地域の地理的・歴史的環境からお話したい。

(二) 両小野地区の地理的・歴史的環境

両小野地区は、それぞれの町、市の中心街から車で二〇分ほど離れた、山の中の一つの盆地（小野盆地）に位置し、地理的には一体の関係にある。もともと一村であったと考えられるが、こともあろうか、天正一九年（一五九一）に豊臣秀吉の「村切り」によって、完全に南北に分断されてしまった。以来、四〇〇年以上たった今でも、幅二メートルほどの、普段は水もほとんど流れていない唐沢川（枯れた沢の川の意味で、私は、「村切り」当時、人工的に作った川ではないかと考えている）を境に、別々の行政区画に属しているのである。したがって衆議院議員選挙小選挙区も別々である。

共通なのは、小学校、中学校（こちらは塩尻市・辰野町中学校組合立両小野中学校）と塩尻市・辰野町組合立両小野国保病院、JR東日本の小野駅（ともに辰野町小野地区に所在）とNTTの市街局番と郵便番号くらいで、後は、当然にして支所、図書館、駐在所、郵便局、産土神、上下水道、ゴミ収集、そして農協も別々に存在している。

つまり、農協主催の書道展では、小学校の各クラスの中で作品を制作し、クラス担任に提出し、出品するが、児童の居住地域の農協に出品するので、入口は同じでも、中でわかれて別々の場所に展示され、また、同じクラスに返却され、そのクラスにおいて、それぞれの児童に返却される。すると、返却時にいっしょに渡される参加賞の品物が、塩尻市の農協と辰野町の農協では、全然違うのである。どちらが良いのかは、もらった児童に聞かないとわからないが、「そっちのほうがいいなぁ」などと

図V-一-1　小野光賢光景記念館の薬医門

図V-一-2　同記念館正面　小野病院をイメージ

騒ぎ合う様子が想像できる。

そこで、教頭先生がおっしゃるには、両農協に対して、賞品を同じものにして欲しいと申し入れたという。

今でこそ、両地区分断がもたらす、このようなさまざまなシーンに対して、不思議だなぁと感じるのであるが、小学生のときは、あまり気にも止めなかったように思う。もちろん、書道展の参加賞の違いには騒いだような気もするが。

（三）両小野地区の記念館・資料館の設立ブーム

さて、この両地区（合わせて人口六〇〇〇人程度）では、最近ちょっとした記念館・資料館の設立ブームが起こっている。ブームの仕掛け人というか、発端は、辰野町小野地区の旧家「橋屋」小野忠秋氏である。曾祖父・祖父にあたる小野光賢光景の記念館（以下、小野記念館）を自力で建設、開館にこぎつけた。木造だが、総二階八〇坪の洋館で、薬医門から眺めると、長い木戸の向こうに、青々とした裏山を背景に立つ、しょうしゃな記念館は、なかなかのもの。小野光賢設立の小野病院と横浜のレンガをデザインしたという。一九九五年の『地方史研究』二五四号（四月号）の「地方史の窓」に、平野正裕氏が、「小野光賢・光景記念館の開館」を掲載されたので、御存知かもしれない。

なぜ、忠秋氏が、記念館を建設されたのかや、光賢・光景がどのような人であったのかは、是非とも記念館を訪れて、忠秋氏ご本人から直接聞いていただきたいが（但し、要予約）、単なる祖先顕賞ではないことは確かである。横浜開港資料館のスタッフの方々の協力を得た展示は、見ごたえ、読みごたえが十二分にある。山深い信州小野と開港場横浜を結ぶ、確かな道が、幕末・明治・大正と、そして平成の今現在にもあることをこの記念館から感じる。

同記念館の開館が、一九九四年九月。そして、一九九五年一一月に塩尻市北小野地区に、小野神社資料館がオープンした。

小野神社は、北小野地区住民の産土神で、同一の社叢の南半分の矢彦神社とともに、かつては、信濃国二の宮と称された。

ここで、また、ややこしい話になるが、矢彦神社は辰野町小野地区の産土神で、両神社とも天正一

図Ⅴ-一-3　小野神社資料館
前に立つ人物はラドケ氏

九年に秀吉によって半分に分割されたもので、現在、行政的には矢彦神社は、辰野町の飛び地である。よく小野神社の方が、名前から小野地区の産土神のように紹介されることがあるが、誤りである。小野神社は、当然塩尻市の地籍である。つまり、矢彦神社は、塩尻市北小野地区の中に、神社だけがぽっかりと浮かんだ形なのである。

したがって、矢彦神社の氏子である辰野町小野地区の人々は、塩尻市北小野地区を通って産土神に参拝するのである。だからかどうかわからないが、矢彦神社では、専属の神主が神社の前に居住されている。ところが神主は、塩尻市北小野の地籍に住んでおられるので、当然にして塩尻市民で、なおかつ小野神社の氏子の納める同社協賛会会費も払っているという。つまり矢彦神社の専属の神主にして、小野神社の氏子という両神社に唯一かかわりのある人ということになる。これもまた、歴史的な環境によってもたらされた特別な存在形態ということができる。

さて、小野神社資料館は、北小野住民の産土神小野神社の資料館である。まず、目を引くものは、その外観である。これも一度見ていただきたく思う。決して悪いものではない。自慢話でない証拠になるかどうか、この夏（一九九六年）、小野盆地を訪れた、オランダ・ライデン大学のラドケ氏（中国史・日本史専攻、現在は早稲田大学アジア太平洋研究センター教授）も神社にふさわしい建物と評された。開館日は、毎月第二・第四の日曜日、五月連休（七年に一度の御柱祭も五月連休）、毎年秋の例祭なので、注意が必要である。古代の鐸鉾（さなぎのほこ）や武田勝頼寄進の梵鐘、歴代松本藩主の寄進状などが展示されている。なお、勝頼の梵鐘に関しては、笹本正治氏が『中世の音・近世の音』で詳しく紹介されている。

特筆すべきは、この資料館は、協賛会の、つまり氏子の寄付によって建設されたことである。小野神社を崇敬する多くの氏子、地区の人々の浄財で建設し、運営全般および受付当番なども氏子総代が交代で担当している。これまで、多くの人の目に触れなかった神社の資料が、氏子の手によって公開されることは大切なことである。これも決して筆者の郷土自慢ではなく、資料の自主的管理の点でもよいことだと思う。ただし、資料の保存に関しては専門家の助言を乞うことも必要だろう。

そして、一九九六年七月、小野地区の旧三州街道小野宿の屋号「問屋」で「江戸時代の旅」と題する資料公開が、辰野町教育委員会の手で行われた。

「問屋」は、間口十間、切妻本棟造りの実に堂々とした建物である。一二棟の江戸末期の建造物が現存し、「長野県内に残る宿駅の町並みのなかでも、第一級」（『辰野町の建造物』Ⅰ）と大河直躬氏が

図Ⅴ-一-4　旧小野宿問屋　屋根中央は雀返し

評される小野宿の中で最も大きなものである。屋号が示すとおり、延宝六年（一六七八）より明治三年（一八七〇）まで、代々小野宿の問屋を務め、その間、村名主を務めたり、寺子屋をも開いていた。明治以降、歴代の当主は、伝馬所や陸運会社の元締、郵便局長として地域の交通・逓信事業に従事し、また宮内省に入り、内大臣秘書官を務めた人もいた。「問屋」は、一九九一年に、「問屋」小野家より辰野町に寄付され、町教育委員会により内・外装の整備が進められた。また、「問屋」小野家資料の目録編成作業も進行中でその完成が待たれる。普段は公開していないが、町教育委員会に問い合わせれば、なんらかの有益な情報は得られると思う。「問屋」小野家が経営した近代の郵便局の建物（筆者の小学生のころまで郵便局として機能していた。いろいろ思い出のある場所でもある）も残っており、豊かな風情を添えている。

さらに、この一九九六年一〇月三〇日、塩尻市北小野地区に「古田晁（あきら）記念館」が開館した。同館は、昭和四八年（一九七三）に六七歳で死去した、筑摩書房の創業者古田晁の生家の土蔵と庭園を、古田家より塩尻市が寄贈されたことから、地区の人々の要望を入れて、塩尻市立図書館分館「古田晁記念館」として整備が進められ、このたび一般公開の運びとなったものである。

土蔵を改造した建物の展示室一階には、古田と親交の深かった作家の書簡・葉書・色紙・原稿などが展示され、二階は、宮本百合子らが逗留して執筆した和室を保存して公開している。オープンを伝えるチラシには、「日本でただ一つの出版人の名を冠した記念館であり、文化の里として北小野地区にふさわしいものにしたいと願っている」とうたわれている。こうした願いを実現するために、記念館の環境整備や情報交換、各種事業への協力のために協力会を組織し、北小野地区の全戸に会員募集の用紙を配布したとのことである。開館日は、当分は、土・日・祝日のみであるが、「文化の里」の中心的施設として定着することを筆者も切に願っている。

図Ⅴ-一-5　古田晁記念館

以上のように、山深い信州の小さな小野盆地には、一九九六年の秋より、きわめて個性的な記念館・資料館が、揃って愛好家の訪れを待っているのである。これまで観光地でもなんでもなかったところなので、最初は、訪れる方も迎える側も、お互いに戸惑いを覚えたようである。しかし、場数を踏んで、そろそろ慣れたころだろう。

ところで、これからの四館とこれからの両小野地区とに思いをはせたい。

小野記念館は、忠秋氏のご子息景久氏も歴史に関心が深く、忠秋氏の志をよく理解されている。小野神社資料館も小・中学生の訪問が多いと聞く。「問屋」も、町教育委員会としては小学生の体験学習施設として宿泊設備を充実させて、蝋燭の火で、昔話を聞くようにしたいという計画もあるという。古田記念館も、全国の本好きの人がやってきて満足できる展示や情報発信の場所になりつつあるという。

(四) これからをみつめて

これらの四館は、個人、氏子、町、市および協力会と運営母体がそれぞれ違うものであるが、今後、両小野地区を訪れる全国の人々のために協議・協力・連携していただければ、いろいろ便利になるのではないだろうか。例えば、共通の開館日をつくるとか、共通のパンフレットを作るとか、展示を工夫し合うとか、その気になれば、いろいろなことができると思う。それから、矢彦神社にも資料館があると、これまた活気づくのではないだろうか。また、かつて中央自動車道の開通によって交通量の減少が期待されたが、最近はかえって中央道を避けるトラックなどの大型車両が、宿駅の歴史的建造物の前を粉塵を上げてひっきりなしに通過している。交通環境の問題として解決を迫られている。町並み保存のためには、やはり住民の共通理解が必要だろう。

そして、この両小野地区でも、過疎化、少子化が、現実のものとなってきた。例えば、両小では、これまで一学年二クラスで、二〇人程度の、理想的な教育環境を維持してきたが、子供の減少で、一クラスのみとなってしまい、三九人という学年も出てきそうだという(教頭先生談)。二〇人程度と三九人では、教育環境が全く異なったものになってしまうだろう。故郷に帰らないでいる筆者などにも原因の一端があると思うと内心じくじたるものがあるが、正直ショックだった。もちろんうちの方がもっとひどいんだといわれる読者もおられると思う。

過疎化は、全国のかなりの市町村に共通してみられる今日的、そして未解決の現象であろう。そして問題は「心の過疎だ」「うちは過疎だと思ってしまうことだ」ともいわれて久しい。「心の過疎」から逃れる方法の一つに、全国に発信できる情報をもつことがあると思う。大分県の平松知事による「一村一品運動」は、「モノ」の発信であるが、私は、それは「モノ」にかかわる情報の発信でもあったと思う。そうすると、両小野地区に出現した、個性的な四館による文化情報の発信は、常に内容的にレヴェルが高く、常に更新されればという厳しい条件つきだが、そうした情報は関心のある誰かが、常に受け取ってくれることになると思う。しかし、情報が更新されなければ、忘れ去られていくだろう。情報内容の向上と更新には、核になる組織・施設が是非とも必要になってくる。しかし、これは、地域の行政にはあまり期待できない。なぜなら両小野地区では、行政区画を超えた情報、つまり塩尻市（東筑摩郡および松本・塩尻地区）と辰野町（上伊那郡）の両方の情報を扱わなくてはならないからだ。だが、こんな小さな所に県立の組織・施設を作ってくれるほど、県も豊かではないだろう。もちろん、シンクタンクとしての過疎化問題研究センターなどというものが作られて、併設の情報発信センターがそれを行うというのも悪くはない。しかしこんなのは絵に書いた餅だ。それよりも現実的なのは、両地区にまたがって存在している、辰野町・塩尻市小学校組合立両小野小学校と塩尻市・辰野町中学校組合立両小野中学校での地域学習である。この小中の地域学習と四館が有機的に結合したとき、いい学習効果やおもしろいアイデアやもろもろが出てくるように思われて仕方がない。

たまたま、第二第四土曜日の小学生の地域活動で、「たのめひよどり太鼓」を一生懸命打っている子供たちに出会った。この子たちが、成長したとき、全国に向けた文化情報を発信・更新できる両小野地区になっているといいなあ、と思う。

(五) おわりに

自分のことや自分の故郷をどう語るかは、大変難しい。それは、自慢話になりやすい。鼻持ちならない自慢話は、聞いていて苦痛だし、はたからみるとみっともないものでもある。どうしたら自慢話にならないで自分を語ったり、自分の故郷を語れるか。それならいっそそういうことは話さない方がいいのか。そうではあるまい。人は、自分を他人に理解して欲しいし、自分の住んでいたところに人を案内したいと思うものだ。どんな平凡な人でも、生涯に一つは小説が書けるという。どんな平凡な土地でも語るべき歴史があるという。なぜ小説はおもしろいのだろうか。それは、多くの人が共通してもっているものを書きながら、一方では、多くの人々がもっていないものを巧みに小説に書き込むからであろう。共感と不思議さ、一般的なものと特別なもの、この相反する両者のバランスが大事であると思われる。相手がどんなことに共感するか、どんなことを不思議に思うか。聞く、あるいは、読む相手のことを思って、話をしたり、文章にする以外には方法はなさそうである。果たしてこの文章はどうだったか。ぜひお聞かせいただきたい。この両小野地区の話、自慢話に聞こえましたか。

二 図書館と私
――これから学ぶ人のために――

(一) はじめに

一九九七年の夏、鶴見大学の図書館司書講習の講師(資料特論)をさせていただき、改めて図書館について考える機会をいただいた。これまで本当にたくさんの図書館を利用させていただき、実に多くの親切な館員の方々にお世話になったことを思い出した。

これからも一利用者として図書館とおつき合いさせていただくことになるかと思う。それゆえ、「図書館とは何か」などといった大上段に構えたことはもちろん書けない。そこでこれまでお世話になった図書館とこれまでの自分との間にあったものなどを書き綴り、過去を総括して、未来への糧としたい。

(二) 調べ物人生の始まり、小野図書館

私は、過去の人々が作成した文書・書簡・日記や浮世絵・古写真などの各種史料を調査し、その史料を分析・考察して、幕末から明治維新にかけての歴史を解明し、その成果をもとに学生達に歴史を語ることを生業（なりわい）としている。史料を保存している図書館や資料館は、いわば母親であり、史料を分析するためにさまざまな文献を見せてくれる図書館は父親でもある。つまり私にとって図書館は、調べ物をするための機能が高い場所、「調べるための図書館」と言えよう。

ところで、私が、「調べるための図書館」というものを最初に意識したのは、故郷の長野県辰野町小野[1]にある小野図書館[2]においてである。小学校の図書館は、残念ながら調べ物をするという点では、あまり覚えていない。

ついでに、小学校の図書館に関して覚えていることを述べれば、それは確か校舎の二階にあって、教室を二つ改造したものであって、そのうち一つの部屋にはテレビが備えつけてあった。そこで、休み時間に「浅間山荘事件」を先生も含めて皆で食い入るように見たことを今でもはっきりと覚えている。鉄の塊が壁を打ち砕く、あの映像が鮮明に頭に残り、ときどき回想的なテレビ番組でこの映像を見ると、逆に小学校の図書館で見ていたことを思い出す。もしかしたら、私にとって小学校の図書館はテレビを見るところ、今の言葉でいえば、AVライブラリーだったのかもしれない。当時私の家にはテレビがなかったので、学校の図書館か友人あるいは親戚の家でしかテレビを見ることができなか

ったのである。(3)

さて、小野図書館は、小学校のすぐ下にあって、登下校の通り道であった。であるから下校時によくここに寄った。図書館の建物は、小学校の校舎の中にある図書館とは違って、独立した、当時としてはなかなか立派なもので、古めかしい扉を開けて、スリッパに履き替えると、扉の左側に閲覧室があり、そこは、シーンと静まり返っていて、いつも誰かが本を読んでいた。もし小学生が、ちょっとでも騒いだら、すぐに館の人が聞きつけて注意していた。私も友人と行った時などは、騒いでしまったようで何度か怒られた記憶がある。小学生のころは図書館の人はこわい大人としか認識していなかったように思う。今から考えると当然、静かにすべきだったと思う。

玄関から見て右手の方は、カウンターで、本の貸し借りをしていた。

カウンターの前の方に郷土関係資料がおいてあった。その中で私が気に入っていたのは、ちょっと記憶が薄れていて正確な書名を思い出せないが、長野県の警察が扱った事件の詳細な報告書の集成のようなものだった。

それで調べたのが、「小野病院院長殺人事件」。私の生まれ育ったところは、犯罪の少ないところだったから、この事件は、かなり古い事件であったにもかかわらず、人々の記憶にとどめられ、事あるごとに思い出されていたようである。確か、私も小野病院（現塩尻市辰野町組合立両小野国保病院）に病気かなにかで連れて行かれたとき、母親から聞いたことがあった。それで、一体どんな事件なのかを調べてみたくなったのだと思う。

今は全く正反対であるが、当時の私は、お化けや霊魂といったものが全くこわくなかった。むしろ、生きている人間そのものの方が恐ろしく、特に犯罪を犯した人間というものにとても恐怖を覚えた。おそらくそれでこわいもの見たさというか、どうして殺人事件が起こったのか、知りたくていても立ってもいられなくなったのだと思う。そして、格好の資料に図書館で出会ったのだ。かくして私の調べ物人生が始まった瞬間である。

(三) 古田文庫での楽しみ

その後、社会科クラブで、小野の歴史を調べ、また夏休みに旅行した鎌倉の歴史を調べ、だんだん歴史にハマって行った。そして学校の教科でも社会科が一番好きになった。ただ、どうも小学校・中学校・高校とも、学校の図書館にはあまり入り浸った記憶がない。学校図書館で思い出すことといえば、小学校では先に述べた「浅間山荘事件」、中学校では、司書の先生が若かったこと、高校では、図書館に「住み着いていた」社会科の先生がいて、その先生の机の周りで歴史好きの仲間と古文書の手ほどきを先生から受けたことと、それから先生の机がひどく乱雑だったにもかかわらず、必要なものがちゃんと出てきたことに驚いたこと、などなどである。その先生のおかげで日本史への関心が高まったことはいうまでもない。

総じて学校の図書館は、最初のガイダンスのときしか覚えがなく、それぞれの司書の先生に悪いことをしたなと今さらながら反省をしている。それならば小野図書館以外での調べ物はどうしていたかというと、大抵は、家蔵の図書ですませていた。父の仕事の関係で、家には小学館の『日本国語大辞典』や諸橋轍次の『大漢和辞典』、学研の百科事典、岩波書店の日本古典文学大系、筑摩書房の明治文学大系、現代日本文学大系、その他岩波新書、中公新書などなど、国語・国文関係を中心に社会科学に関係するものもいくつかあったので、それらを利用したと思う。また、小野図書館は中学校に入ってからは、地理的にも遠くなってしまい、ほとんど行かなくなってしまった。そして、代わりに北小野図書館に行くことがあった。ここには、古田文庫というコレクションがあって、なんでも北小野の大出出身の古田さんという本屋さんが、自分のところで出したものやほかの本屋のところの本などを寄贈してくれたものだということをやはり母親から聞かされていた。

後でわかったのだが、古田さんというのは、筑摩書房(4)の創業者古田晁で、筑摩書房の出版物だけではなく他社の出版物も地域の人々のために寄贈してくれたようである。ただ、私がこの古田文庫で熱中したのは田河水泡の「のらくろ」だった。それと題名を忘れてしまったが、いろいろな写真が満載された、思い出すところでは、報道写真や芸術写真の全集のようなもの、それらをみるのが本当に楽しみだった。

（四）史料調査でお世話になった図書館など

かくして故郷の図書館で、こんな体験をもちながら、私は高校卒業後、東京の私立大学の史学科に入った。しかし、その大学の図書館よりは、大学から近いこともあってもっぱら、広尾の都立中央図書館や永田町の国会図書館に通った。今から思うと、「歴史おたく」のサークルの先輩たちに図書館まで連れていってもらって、それこそ電車・地下鉄の乗り方、何両目に乗ったら一番楽かとかから始まって図書館の最も効率のよい使い方、さらに研究方法や論文の書き方まで、なにからなにまで教えていただいた。

そして卒論に選んだのが、江戸時代のナポレオン伝だった。なぜナポレオンなのか。これを語るとどんどん脱線して行くので詳しくは拙著『江戸のナポレオン伝説』（中公新書）を御覧いただきたい。もし、さらに深い内容に関心のあられる方は『洋学史研究』第10号の拙稿「開国前後の日本における西洋英雄伝とその受容――西洋社会研究者小関三英のナポレオン伝を中心に」をご覧いただければ幸いである。

いずれにしてもナポレオン伝を卒論テーマにしたため、静嘉堂文庫、鹿児島大学附属図書館玉里文庫、京都大学附属図書館、同医学図書館、同文学部史学科閲覧室、武田薬品工業の杏雨書屋、天理大学附属天理図書館などでナポレオン伝の写本や刊本を調査させていただいた。そのお陰で、「鎖国時代泰西英雄伝の史的研究」としてまとめることができ、卒業後、幸運にも地方史研究協議会の卒論発表会において、発表する機会を与えられた。当時長野市で予備校の教師をしていたが、これをきっかけに大学院で学ぶ機会を得、さらに、財団法人徳川黎明会に採用していただき、その機関である徳川林政史研究所の史料や図書室を利用させていただき、現在も研究協力員として同研究所の方々をはじめ図書室や史料にもたいへんお世話になっている。

その間にも、思いつくままに、直接に史料調査でお世話になった機関名をあげれば、名古屋市蓬左文庫、名古屋市市政資料館、愛知学院大学図書館、長崎大学付属図書館経済学部分館、長崎県立図書館、大村市立史料館、長崎市立博物館、シーボルト記念館、佐賀県立図書館、武雄市教育委員会、財団法人鍋島報效会、福岡県立図書館、熊本大学附属図書館、鹿児島県立図書館、鹿児島県歴史資料センター黎明館、大分県立先哲史料館、大分市立図書館、佐伯市教育委員会、佐伯市立佐伯図書館、竹田市立図書館、中津市村上医家史料館、宇和島伊達文化保存会、財団法人土佐山内家宝物資料館、徳島市立徳島城博物館、香川大学附属図書館、津山洋学資料館、津山市立歴史博物館、出石町教育委員

会、豊岡市立郷土資料館、姫路市教育委員会、内藤記念くすり博物館、刈谷市中央図書館、静岡県立中央図書館、小野光賢光景記念館、加賀の井酒造、天津神社、国立国会図書館、東京都立中央図書館、東京国立博物館資料部、東京大学史料編纂所、宮内庁書陵部、東京都公文書館、財団法人永青文庫、国際基督教大学博物館湯浅八郎記念館、早稲田大学図書館、財団法人三井文庫、神奈川県立歴史博物館、横浜開港資料館、横須賀市自然・人文博物館、古河歴史博物館、東北大学附属図書館、宮城県図書館、酒田市立光丘文庫、そして明海大学浦安キャンパスメディアセンター（図書館）などなど。

実に多くの図書館、博物館、資料館と職員の皆様にお世話になったこと、また御一人御一人の御顔を改めて思い出す。この場を借りてお礼申し上げたい。私の怠惰により、それぞれの機関で閲覧させていただいた貴重な史料の分析・考察がいまだ十分になし得ていないことに心苦しく、申しわけもなく思っている。これからは、拝見させていただいた史料を用いて研究することを第一にやらねばならないと、心を新たにしているところである。

（五）再び小野図書館へ

私の図書館とのかかわりを綴っていたら、なんだか、反省文のようになってしまったが、私の調査癖を育んでくれた小野図書館について最近わかったことを書いて、本稿を終わりたい。

小野図書館の設立は、小野出身の小野光景[5]の寄贈がきっかけとなったようである。

光景は、我が国最大の国際貿易都市、横浜の発展に尽くした人である。就任した役職を順にあげれば、横浜港内第一区小一区戸長、神奈川県第一大区副戸長、横浜町会所歩合金取立掛総務、神奈川県第一大区区議会議員、同議会議長、横浜本町ほか十三か町戸長、横浜正金銀行（現東京三菱銀行）取締役支配人、横浜商法会議所（現横浜商工会議所）副会頭、横浜倉庫会社社長、横浜正金銀行副頭取、横浜商法学校（市立横浜商業高校）設立者、横浜正金銀行頭取、小野商店社長、横浜商法会議所会頭、神奈川県会議員、神奈川区議会議員、蚕糸売込業組合副頭取、同頭取、横浜市会議員、同参事会会員、横浜本町ほか十三か町貿易商組合総理、蚕糸貿易商組合頭取、横浜商業会議所港湾調査委員、横浜火災保険会社取締役、横浜鉄道（現JR東日本横浜線）会社創立発起人、横浜商業会議所会頭、臨時横浜港湾設備委員、貴族院議員などなど。まさに明治・大正期の横浜の代表的人物といえよう。

この人は、横浜にいても故郷小野のことを片時も忘れずに、かの小野病院[6]を、小学校[7]を、小野公園を、小野駅[8]を、それぞれ土地や資金を提供して建設した。いわば小野の社会基盤の整備に本当に尽力してくれた恩人である。

近代日本においては、大都市の発展とともに、地方の発展にも貢献した人、小野光景のような人が、横浜や東京などの大都市にはたくさんいて、そうした人々の資金や人脈がそれぞれの出身地方に還元されて、地方も大いに発展したのだと思う。

私の実家の住所は塩尻市であるが、彼、小野光景が寄付・建設した両小野小学校に通学して学び、小野図書館で調査・研究のまねごとを覚え、小野公園に遠足に行ったり、そこで遊んで足腰を鍛え、小野病院に通院して病気を治してもらい、小野駅から高校に通学して、またそこから東京に旅立って、どうやら今日の自分というものができあがったように思う。これは、私にとって大変感慨深いことで、「再発見の地域史」なのである。今さらながら小野光景に感謝しないわけにはいかない。

そして偶然というか、お導きなのかもしれないが、実は、小野光景は、鶴見大学の設置団体、曹洞宗総持寺の墓地に眠っているのである。小野光賢光景記念館[9]館長の小野忠秋先生によれば、総持寺が能登から移転する際にも、光景は、大いに尽力したともいわれる。今、それを

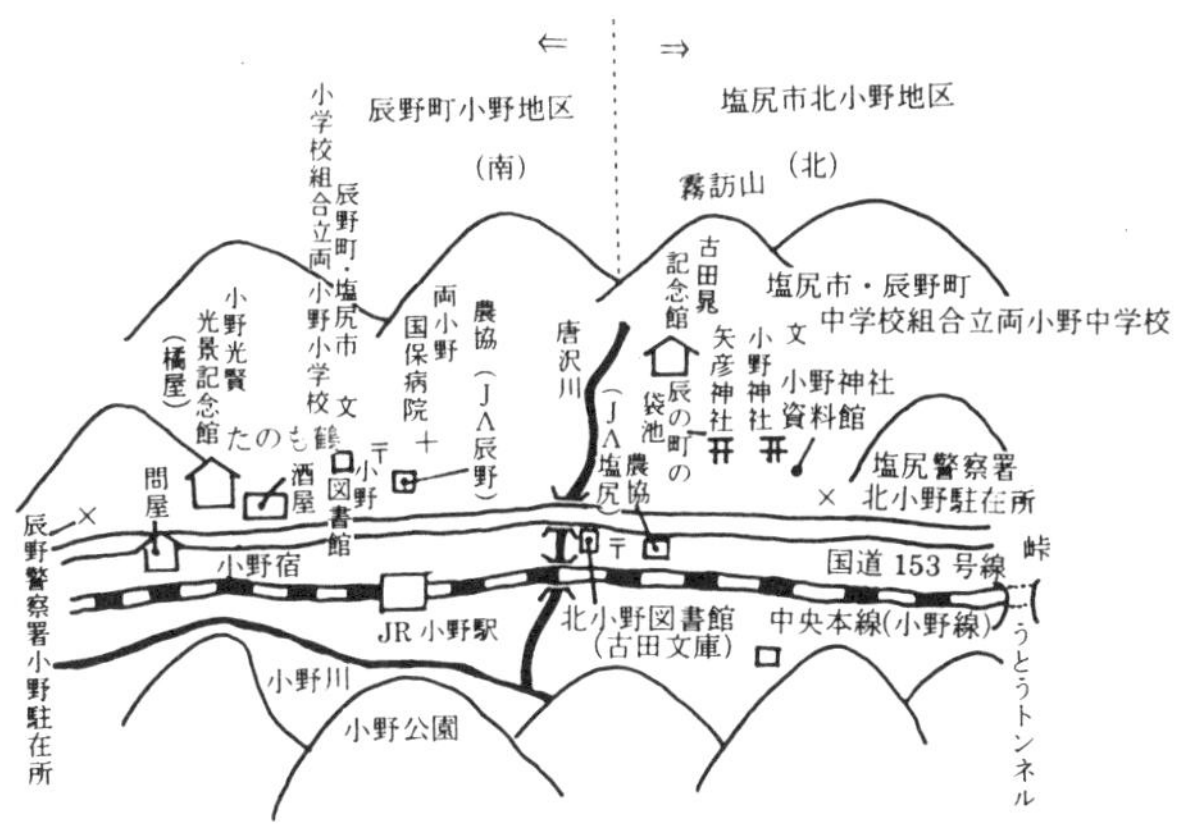

図V-二-1　小野盆地概略図

確かめるすべをもっていないが、いずれ調べてみたいことである。そうはいっても、せっかく、鶴見大学までおうかがいしながら、忙しいからと光景翁のお墓参りもしなかったのは大変悔やまれる。忘恩の至りである。いずれ機会をみて参詣させていただけたらと念じている。

(六) おわりに

どうやら図書館と私の間にあったのは、調べる、調査する、研究するという行為、それに対しての図書館員の方々の暖かいご支援ではなかったか。さらに幕末から明治大正にかけて、近代国家という国作りに尽力した人々の故郷への思いと、小野から横浜へと続く、過去から現在、そして未来へと続く一本の道だったように思う。(10)

STAGE Ⅵ

関連文献の解題

●*Summary*

ここでは、江戸情報論などに関連する史料や研究書、報告書あるいは一般書など文献の解題を試みる。ここに収録した文献は、この分野の数ある文献のうちのごく一部にすぎないが、江戸の情報環境を知る上によい道しるべとなってくれるものばかりだと考える。収録にあたっての特に明確な基準というものはない。

『島根のすさみ』

本書の著者川路聖謨（一八〇一―一八六八）は、享和元年（一八〇一）豊後国（大分県）日田の幕府代官所の構内で生まれた。四歳のとき両親に従って江戸に出た。一二歳のとき九〇俵三人扶持の小普請組川路家の養子となり、翌年家督を相続し、一七歳で勘定所の筆算吟味に及第。次の年支配勘定出役に採用され、二三歳のとき評定所留役に抜擢、二七歳で寺社奉行吟味物調役、後に勘定吟味役と、実務吏僚としての有能さゆえに昇進を重ねた。三九歳のとき、役高一〇〇〇石の佐渡奉行を命じられ、佐渡に赴くことになる。

本書『島根のすさみ』は、天保一一年（一八四〇）七月に聖謨が江戸を発するところから始まり、任地佐渡相川（「島根」）に着任し、任期を終えて翌年五月に帰宅するまでのほぼ一年にわたる日記である。「すさみ」とは、心に浮かぶ由無し事を、心のままに綴ったという意味である。単身赴任した聖謨は、毎日毎日筆を走らせ幸便があるとまとめて生母に送ることで、母をはじめ家族への無事の報告とし、またこれを書くことで自らの旅の無聊を慰めていたようである。また家族はこれによって聖謨の消息や生活の様子を知り、またその内容を楽しみとしていたと考えられる。例えば、八月五日の条。

きょう、縁側より浜辺をみるに、漁家軒を並べ、捨小船（すておぶね）のほとりに童（わらべ）うちむれて、水くゞり、波に乗りて遊び居る外、午時（ひるどき）なるに人一人もみえず。孤島のさびたること、おもふべし。冬にて北風烈敷（はげし）く、浪の音すさまじき時はいかゞあるべし

夏でも子供が遊ぶだけで、さみしい孤島の生活。夏だというのについつい冬を思い浮かべてしまう。実際冬になると（正月八日条）、「大吹雪。只いず方も、白粉を吹きちらすがごとし。なにもみえず。雪というべからざるがごとし。けしからざる咏（ながめ）也。風甚しく、家ゆれて、船に居るがごとし」と書かざるを得なかった。

本書は母に送った日記という性格から平明でおもしろい記事が多く収録されている。例えば、大みそかの記事。

きょうは蕎麦給べるに、きのうのわさび・のりなど（母が送った荷物の中に入っていたもの）用いて、江戸おもい出る体也。わさびを嗅（か）ぎたること、半年の内に今日を初とす。鼻へ通ること、甚しきが如し

そのほか、佐渡人の生活・心情・風俗などの記録も貴重であることはいうまでもない。しかし公務に関する記事は当たり障りのないものが多い。もともと聖謨の佐渡奉行就任は天保九年（一八三八）に起こった佐渡一揆の結果、佐渡奉行所の腐敗・堕落・不正が発覚したため、これを刷新するために

派遣されたものである。だがこれらに関する記事は本書からは見出せない。やはり聖謨は能吏である。守秘義務を全うしているのである。

かくして聖謨は、佐渡から帰府して残務整理をする間もなく、小普請奉行に任命された。やはりここでも不正や腐敗が横行していたため改革を期待されたのである。次いで従五位下に叙し、左衛門尉に任官した。さらに普請奉行、奈良奉行、大坂町奉行、勘定奉行に栄達。嘉永六年（一八五三）長崎に来航したプチャーチンの応接掛となり長崎に赴いた。ここでも留守宅への手紙代わりの日記『長崎日記』をものした。また安政元年（一八五四）にも下田においてプチャーチンの応接を命じられたが、やはり『下田日記』を書いている。その後、徳川慶喜を将軍継嗣に嘱望して活動したため、大老井伊直弼によって西丸留守居、さらに翌年隠居、差控を命じられた。明らかに左遷であった。その後、文久三年（一八六三）、多難な時期に外国奉行に任命されたが、わずか五か月で辞任。明治元年（一八六八）江戸城総攻撃の日とされた三月一五日自殺した。

『島根のすさみ』は聖謨の母への孝行心が生み出した一九世紀中ごろの日本における紀行記録の傑作といっても過言ではない。それは、現在でも読み手のさまざまな意識に十分答えてくれる情報満載な旅日記なのである。

川田貞夫校注『島根のすさみ――佐渡奉行在勤日記』（平凡社東洋文庫）／参考文献、川田貞夫『川路聖謨』

（吉川弘文館）

『高　附』

徳川林政史研究所に所蔵されている「高附」に関して記してみたい。

「高附」は、四冊からなる史料である。第一冊の題箋に「御医師・御儒者」とあって、尾張藩の御医師、御儒者の石高、氏名、採用年月日、人事異動を個人ごとに、年代順に収録したものである。寛永年間から天保年間まで約二〇〇年分が収められている。いわば全尾張藩士の人事記録のうちで医師・儒者の部分を書き抜いたものといえよう。同じように第二冊が同藩の「御右筆組頭」、第三冊が同藩の「御右筆部屋留役」、第四冊がやはり同藩の「御右筆」の人事記録である。

第二冊を除く各冊には、「寛政五年癸丑惣帳方役寄帳写之」とあり、寛政五年（一七九三）に「惣帳方」の「役寄帳」から筆写したことが知られる。おそらく御右筆の「惣帳方」の職員録から筆写したものと考えられる。しかしこれは天保期まで書き継がれて利用されたらしく、第一冊の最後には天保六年（一八三五）に数寄屋坊主となった平尾数也が収録されている。また、各丁の表左下のめくりの部分は手垢による汚れが目立ち、また袋綴じにした各丁のうち何枚かは折れの部分が破れているものもある。これは長く利用されていたために痛んだものと考えられる。第一冊には三九三名、第二冊には六三名、第三冊には三四八名、第四冊には五二三名の人名が収録されている。これらのうち尾張藩の医療に関係のある第一冊を詳しく述べてみたい。

第一冊の冒頭に「御医師」全体の名称変更や席次の変遷が記されている。それによると、天明六年（一七八六）には江戸と尾張で席次のうかがいがなされ、今後御側医の席次は御部屋御小納戸の次席、御番医は新番小頭の次席、寄合御医師は明倫堂主事の上座、浅井平之丞は代々医学伝習の家なのでこれまでどおり御番医打込、御附属御医師も御番医打込とされた。また、医師の専門順は、本道（内科）、本道並、外科、外科並、雑科、雑科並とされた。翌年にはすべての医師が公文書上で姓名を記載することとなった。また寛政七年には御側医は、御側御用人より諸触を通達されることとなった。翌年には御側医は奥御医師、御番医は御番医師と呼ぶこととなった。さらに翌年には奥御師は御小納戸頭取の次席となって家臣団の中では格が上がった。寛政一二年（一八〇〇）には小児科は本道の次席とされたが享和元年（一八〇二）には本道小児科の区別なく先達順とされた。文化一四年（一八一七）には奥御医師の席次は奥詰の次席となった。さらに文政四年（一八二一）には奥詰金瘡御医師は奥詰御医師の次席となった。また同年寄合御医師は御馬廻組の次席とされた。

つぎに、記載された医師の人事記録情報が正確であるか確認してみよう。

「高附」の最初に登場するには、堀杏庵である。「高附」には次のように記されている。

京都居住浪人
弥七郎倅
高七百石　　　　　　　　　　堀正意法眼

元和八戊年浅野但馬守殿より御貰被　召出合力米
三百石被下
寛永三寅五月法眼
同十五寅八月知行七百石被下
同十九年十一月二十日病死

これによると杏庵は、京都に在住していた浪人堀弥七郎の倅で、元和八年（一六二二）に広島城主浅野幸長より貰い受け、三百石で採用された。寛永三年には医師最高の称号である法眼に叙せられた。同一五年には七百石の知行を給せられ、四年後には病没したことがわかる。そこで、この記事をこれまで知られている尾張藩の職員録である「士林泝洄」（名古屋叢書　続編）と「名古屋市史」人物篇で確認すると、同一の情報が得られた。従って「高附」の記事は十分信頼できるものと考えられる。

ところで、杏庵が尾張藩御医師に採用される以前の浅野家での禄高は、五百石であったことが「士林泝洄」や「名古屋市史」人物篇に記されている。とすると、尾張藩に移籍したことで、杏庵の収入は二百石も減収したことになる。当時の慣例では、採用以前の収入を保証するか、より高額で採用するのが普通であるので、減収というのは珍しい。尾張藩の他の武士にもこのような例はあまりないようである。最初からあまり高禄で迎えられない事情があったのだろうか。こういった行間を想像するのは自由であり、かつ楽しいが、それ以上は、小説の領域でもある。新たに情報が得られない限り、ここで筆を擱かざるを得ない。

『長崎奉行所関係文書調査報告書』

私は、長野県塩尻出身で現在千葉県浦安市に住んでいる。これまでに、東京都渋谷区、長野県長野市、東京都豊島区、神奈川県相模原市、同海老名市に居住したが、どうも「わが町」と今現在呼べるのは、自分自身では長崎のような気がしている。

一九八三年の、大学三年次の研修旅行で長崎を訪れて以来今日まで何度となく長崎を訪れ、博物館や図書館にお世話になり、また鍛冶屋町あたり、本石灰町あたりをうろついてはいろいろな方と出会い、一年に一回は、あの町の優しい雰囲気に包まれないと次の一年、再び長崎に行くまで、自分がもたないような気がしていた時期があった。

そんなわけで、「わが町の蘭学資料」ということで、長崎に関する、長崎で作られた資料について書きたいと思っていた。そこで一九九七年の三月に刊行された『長崎奉行所関係文書調査報告書』（長崎県文化財報告書第一三一集、以下『報告書』と略称）を紹介させていただく。

『報告書』は、長崎県教育委員会が「長崎県内に所在する各種の歴史資料について、所在・内容等を調査して、その実態を把握し、保存と活用の基本計画策定に資するために実施」した調査に基づいたものである。平成五年度から予備調査が実施され、翌年第一回の調査委員会が開催された。主任調査委員は、中村質氏。洋学史研究会会員の鳥井裕美子氏も調査委員として参加されている。

内容は、まず長崎奉行所関係文書・歴史資料の解説。中村氏の総説に続いて、各調査委員・調査員による各資料保存機関ごとの解説が続く。機関名をあげれば、長崎県立図書館、長崎県立美術博物館、長崎大学付属図書館経済学部分館、長崎市立博物館、シーボルト記念館、諫早市立図書館、島原市立図書館、本光寺、猛島神社、大村市立史料館、平戸松浦史料博物館、長崎県立対馬民俗資料館宗家文庫である。

これに続いて各機関ごとに長崎奉行所関係資料の目録がつけられている。便利である。これによって長崎県内にある長崎奉行所関係文書へのアプローチがかなり容易になった。また、鳥井氏による『本木蘭文』の翻訳と解説は、『本木蘭文』のおもしろさ、そして阿蘭陀通詞というマージナルマンの人間臭さをかいま見させてくれる。

この『報告書』によって、長崎奉行所の研究がさらに進展することは間違いない。さらに、ない物ねだりをしてしまえば、今後は、長崎に赴いた長崎奉行、長崎目付、あるいは彼らの下僚、さらにその下僚について行った一般民衆、例えば、長崎に幕府勘定所から普請役として赴いた足立所左衛門とそれについて行った糸魚川本陣当主小林祐之助などの、つまり長崎県外に残存する、いわば広義の長崎奉行所関係資料も視野に入れて調査がなされれば、一人研究者のみならず、長崎の人々にとっても、さらにそれ以外の地方に住む人々にとっても、いろいろとおもしろい発見がありそうで、大変有益な情報を提供することになるのではないだろうか。つまり、その調査とその成果そのものが、江戸時代における地方と長崎の交流を如実に物語る興味深い研究となるのではないだろうかと思われる。これは、義務教育や高等学校の日本史教育の地域史研究にも有益な教材となる。

とかく行政のテリトリー以外に調査の対象を拡大することに関しては、往々にして、管理・財政部門側の論理、つまりテリトリー内の住民の税金を使ってテリトリー外の利益になるようなことをするのはおかしいという論理（ある意味ではもっともなことではあるが、時として芳しくない結果をもたらす論理）が最優先される（もちろん長崎県がそういったなんてことをいっているのではない。ここではあくまでも一般論として述べている）。したがって、拡大調査はかなり困難ではあるが、事、長崎に関しては長崎だけを見ていればすむはずがなく、全国各地に目を配る必要がある。それが、文化交流であり、地域間交流なのではないだろうか。何度も繰り返しになるが、それこそが江戸時代唯一の国際貿易港として一大繁栄をみた長崎と長崎奉行所のまさに実態を究明することになるのではないだろうかと思う。背景が大事であると思う一例である。

長尾正憲著『福沢屋諭吉の研究』

福沢諭吉の出版業を中心にして、幕末・明治期の政治史・文化史をも視野に入れた、長尾氏の『福沢屋諭吉の研究』が上梓された。本書（『福沢屋諭吉の研究』以下同）を手にした時、まずそのぶ厚い内容に驚くとともに、その標題に多少のとまどいを覚えた。「福沢屋諭吉」。幕末・明治期の代表的な言論人として一般には認識されている福沢諭吉の「福沢屋」とはなにか。本書を読み終わって、なるほど、確かに『福沢屋諭吉の研究』である、と納得した。一文字であるが「屋」を付したことに著者（長尾氏、以下同）のもっとも意図するところがあったことをやっと理解したのである。

まえがき

まず本書の構成を一覧してみる。

第Ⅰ部 「幕臣」福沢の形成・発展過程――「福沢屋諭吉」の前史研究
第一章 幕末洋学史上における適塾の地位
第二章 安政期海防掛の制度史的考察
補論・幕府は開国に対応してどのような措置をとったか
第三章 外国奉行支配通弁方・翻訳方の一考察
第四章 福沢の幕府出仕について
第五章 福沢諭吉の政治思想形成過程――文久渡欧との関連として
第六章 幕臣福沢諭吉の政治思想発展過程――『西洋事情』成立の背景
付 記
第Ⅱ部 「福沢屋諭吉」の生成・発展過程
第一章 「福沢屋諭吉」の生成過程
第二章 「福沢屋諭吉」の発展・転換過程
第三章 福沢の著作権思想の種本と偽版問題
第四章 明治二年の出版条例成立と福沢諭吉
第五章 明治十四年政変と『時事新報』創刊
第六章 福沢における出版者・著者・読者の関連――出版社会史的側面

一見なにげない構成のようであるが、実は、この構成が、本書においては、最も効果的にして、しかも特筆すべき事項とも考えられる。

著者の主題であり、出発点は、その最盛期には「年商拾弐参万両」と福沢諭吉自らが豪語するまでに成長した、近代出版業の創始者としての福沢屋諭吉——その特徴は翻訳・著述家として自ら出版業に携わり、多くの国民を啓蒙した一方で、ベストセラー作家として偽作に悩まされ、偽作問題と闘いながら、日本における近代的法理としての著作権保護に尽力した福沢屋諭吉——を、その生成・発展を通じて明らかにすることである。それゆえに第Ⅰ部では幕臣以前の福沢が多大な影響を受けた適塾を幕末洋学史上に正しく位置づけることから始め、福沢が出仕する外国方の前史として安政期の海防掛を実証的に解明し、その上で、外国奉行支配下の通弁方・翻訳方および翻訳方に就任した福沢の政治思想の形成・発展を、幕末政治史の流れを常に念頭におきながら、まさに「福沢屋諭吉」の前史を、克明に描き出している。こうした前提の上に、著者が主題とされ、出発点ともなった「福沢屋諭吉」の生成・発展過程を、第Ⅱ部において叙述する構成をとっているのである。さらにそれは、著作権思想や出版条例、明治一四年政変と、的を絞った力強い論文で補われ、その上で、著者が長年追究されてこられた「福沢屋諭吉」は、出版者として、著者として、読者よりみてという三つの視点から見直されて、福沢の成功は第Ⅰ部で叙述した、適塾や幕臣期の活動に求められるとしているのである。そのため第Ⅲ部においては、福沢の幕臣期の著作や周辺の蘭文史料を配して証左とされたのである。

一覧して、各部・各章の配列が、きわめて有機的になされており、読者の理解を容易にさせることを主眼とした構成をとっている。それもそのはずで、著者自身の言によれば、著者は、出版社勤務のかたわらに大学院で福沢屋諭吉の研究を進められたとのことで、この構成は、著者が職業人として身につけられたものが自然に現れたというべきものであろう。

次に本書の内容紹介につとめたい。

第Ⅰ部では、従来の福沢研究で見過ごされてきた幕臣福沢諭吉にスポットをあてていることが注目される。ここでは、福沢が適塾で学んだ成果を外国方翻訳方として存分に発揮したことを実証的に明らかにしている。

その中で第一章は、明治期の福沢の成功は実に適塾で学んだことにあったとする視点から巻頭におかれる。幕末の洋学が、幕藩体制の補強を主とする「武士の洋学」ととらえられる中で、適塾は、在野における最大の私塾として多くの民間医を養成しており、このことは適塾が「医師の洋学」の継承者であり、「草莽の医学」を拡大する教育機関であったことを具体的に例示された（教育課程の独自性、猛勉強と自由奔放な生活、師洪庵の文章指導等々）。その上に「福沢諭吉こそは適塾教育から最大限にそのエッキスを吸収した人物であり、かれの啓蒙思想家として、私学の独自性を確立した教育家として、また出版者『福沢屋諭吉』としての成功の基盤は、実に適塾の中で築かれた」（二四頁）との結論を提示され、第二章以下および第Ⅱ部への導入としている。つまり第一章は、全体の導入としての位置をも占めるのである。これまで、感覚や印象でとらえられがちであった適塾と、福沢との関連が、より実証的に論じられており、以降の論旨の展開を容易にしているといえる。

第二章、海防掛の制度史的研究は、一見すると、福沢とは関係が薄いように思われるが実はそうではない。安政の開港後、海防掛は外国方に改組され、海防掛として育った人材が起用されている（永井尚志、堀利熙、岩瀬忠震、水野忠徳、井上清直ら）ことから、外国方翻訳方に出仕した福沢を究明する際、その意味で福沢研究に広がりをもたせている。また個別論文としてみた場合、従来、実証的研究の蓄積に乏しいこの分野にあって、海防掛徒目付の乙骨彦四郎の残した未刊文書を用いて、安政期の海防掛の組織・機能を総合的に明らかにされている点は、特筆すべきである。乙骨耐軒文書は、著者が長年手掛けてこられたもので、故豊田武博士の案内で、調査され、『封建社会研究』1・2号に「乙骨耐軒文書の海防掛目付関係文書について」と題した目録も出しておられる。乙骨彦四郎は、昌平坂学問所の分校甲府徽典館頭取を務め、岩瀬忠震、永井尚志が海防掛目付となると、彼らに推輓されて、海防掛徒目付に任命され、主として上申文書の起草にあたった。このため、海防掛目付に対して老中・若年寄が下付した「評議物」や目付からの「建白」の控や草案の下書・浄書を多く含んでいる。このような良質の史料を用いて導かれた結論は、有益で、その一端を紹介すると、海防掛が、老中から諮問を受ける際は、評定所一座、大小目付と並列ないし、対抗する位置でなされていたこと、答申の場合は目付と勘定方と二元化、あるいは、同役でも意見を異にする場合は多元的に上申されたことがあげられる。著者は、各役職の権限の相違にその理由を求めておられる。海防掛構成員が、目付および勘定方の二大出身者にわけられ、その答申が両者の立場を反映していたことは、従来から知られていたが、著者により、具体例が示されたことは評価される。別の視点より、評者の推測を述べさせてもらえば、この分化は、老中阿部正弘の幕政運営の結果とも考えられる。すなわち、天保改革を推進して失敗した水野忠邦の轍を踏むことを恐れた阿部正弘の衆議による幕政運営が、政策立案の目付と、政策遂行時の執行機関たる勘定方との両者を海防掛として内包した結果となったともいえるのではあるまいか。今後の課題としたい。

さて、阿部から、井伊直弼へと政権が移ると海防掛も解体されてしまった。しかし著者は、開港に伴う事務処理のため、海防掛を吸収する形で、外国方が生まれ、軍事的色彩を帯びた役所から、外交を主とする役所へ転換したとして、海防掛と外国方の連続性を主張する。

こうした視点に立って、外交の最前線――外国方の通弁方・翻訳方の考察をされたのが、第三章である。ここでは、通弁方と翻訳方を外国方の中のスタッフ部門と位置づけ、通弁方として福地源一郎、翻訳方として福沢諭吉を登場させ、彼らの登用や昇進を追跡し、通弁方・翻訳方の上部機構としての書翰掛の構成や職務を明らかにしておられる。まず通弁方は、長崎の阿蘭陀通詞出身者が多く、一方翻訳方は、機構確立までは蕃書調所が肩代わりしていたことを明らかにされ、翻訳方の専任者としては、雇で福沢が採用されたのが初例とされておられる。さらに通弁方・翻訳方の職場の雰囲気が一種独特だったことを、彼らの仕事内容や給与といった面からも明らかにされ、これは、外交の要にあった彼らの自負（外国掛老中や外国奉行をも、その意志どおりに動かし得る）がなし得たものとされておられるのは卓見である。そして、後の福沢の展開を考えたとき、この時期は、福沢にとって絶好の研修期間だったと位置づけられた。

またこの第三章、および第Ⅱ部第三章、同第六章の各論文、第Ⅲ部第三章の史料翻刻は、新しく起こされたものである。著者紹介によると、著者は大正三年（一九一四）のお生まれである。この種の書物に新稿が四編も入れられているのは、大いに評価されるべきことと思う。

さて第四章の幕府出仕は、第三章で叙述したことを福沢に限定して、新出史料をもとに再構成された論考である。ここでは福沢の翻訳御用雇の発令が、万延元年（一八六〇）一一月九日より同月二一日の間であったこと、元治元年（一八六四）の福沢の幕臣身分への編入が、外国方翻訳方の陣容整備の一環であったとして、幕政史上の福沢の位置づけが明確になされている。さらに慶応元（一八六五）、二、三年の年末手当の支給形態から、第三章の結論――職場が能力本位で開放的――を補説されている。これらは、外国方の実態に即しながら、福沢の幕政史上に占める地位を明らかにされている点で画期的である。

こうした福沢の職場環境・職務内容を踏まえた上でなされた第五章の福沢の政治思想の形成過程の研究では、文久の遣欧使節に参加した福沢が、いかにして後年結実する政治思想を体得していったのかを刻明に分析されておられる。

ここでも幕政史上の文久使節の位置づけを明らかにすることが一つの主眼となっている。それによれば、文久使節は、久世・安藤政権下の幕政改革の一環としてなされたもので、改革実現のための西欧事情の調査が任務の一つとして組み込まれており、福沢もその任務に加わっていた。そして渡航前の福沢の政治思想と渡航後のそれの変遷を具体的に史料によって裏づけられ、この調査業務を通じ、福沢が、個別の事象を関係づけ、それらを機能させる国家・社会のメカニズムの原理を把握したと結論づけられた。聞くべき論である。

ただし、帰国後の政治情勢の中で、松平慶永の文久改革の中核に据えられた新陸軍が、文久三年（一八六三）の小笠原長行による上京率兵クーデターに利用され、これに文久使節時の監察使京極高明と随員福地源一郎が参加していたことから、直ちに外国方実力行動派がクーデターの主謀者であると論じ、ここに文久使節の政治的意義を求められている。しかし京極、福地以外の文久使節の主要メンバーは、中立あるいは傍観者的態度をとっているので、直接結びつけるのは少々困難であろう。小笠原と気脈を通じていた徳川慶喜を視野に入れる必要があろう。

第六章では、福沢が「佐幕」開国から「脱幕」に転換する契機は、慶応三年（一八六七）の第二次渡米であるとする視点をもちつつ、さらにそれ以前の元治元年（一八六四）の脇屋事件（神奈川奉行支配組頭脇屋卯三郎が、職務上知り得た情報を長州藩に漏らし、幕命により切腹した事件）が福沢に及ぼした影響を、慶応元・二年の福沢の時務論、『西洋事情』成立にみようとした論考である。その論旨は、脇屋事件に大きな衝撃を受けた福沢は、幕臣としての忠誠心を前面に出して、時務論においては、国内分裂の危機を外国の軍事力、外資の導入により克服し、徳川幕府による国家統一を希求する主張を展開し、『西洋事情』初編も、それら時務論の総括としての性格を有するものの、「チャンブル」の経済書を種本とする「外編」の挿入という発想の中に、翻訳家から著述家へと成長する福沢をみることができ、それが「脱幕」への過程の一つであると展望している。つまり著者は、この時期の福沢を、時代の転換を先取りするジャーナリスト的性格として描き出しており、脇屋事件から解放されて、自由に発言する明治維新後の「後期」福沢諭吉への展望を述べておられるのである。

こうして著者は、著者の独壇場たる第Ⅱ部へと読者を導いてゆく。

第Ⅱ部は、福沢諭吉が明治初期より営んだ出版業の実態を、著者独自の視点――生成・発展・転換――から具体的・総合的に究明された。

第一章の生成過程では、明治初年の出版業界において出版物の質・量・規模ともに注目に価するようになった「福沢屋諭吉」の生成を明らかにされている。そのねらいは、従来顧みられなかった福沢の側面にスポットをあてるとともに、近代出版史の黎明期を福沢を中心として考察することにある。

第一章で得られた結論は、脇屋事件の衝撃と並んで慶応三年（一八六七）の渡米中の勤務態度が不届きだったとして三か月の謹慎を命ぜられたことが、福沢の幕府への忠誠心を失わせ、副業の塾経営と著訳業・出版業へと福沢を向かわせる重要な転機となり、ここに「福沢屋諭吉」の生成の前段階があったとする。そして明治二年（一八六九）の出版条例により書物問屋仲間年中行事による偽版取締という偽版対策の改善が、偽作問題を抱えていた福沢をして「福沢屋」として仲間に加入させたのだとする。こうした法的保護が「福沢屋」の企業拡大の契機となり、強固な経済基盤を形成した。その上に福沢は、啓蒙思想家としての社会的地位を得たが一方で、地位を得たことが、彼をして政界に近づけさせ、明治一四年政変の渦中に巻きこむこととなったとする展望を叙述された。

第二章では、前章を受けて「福沢屋諭吉」の発展・転換過程を研究される。特に明治二年と同五年の書物問屋仲間加入の意義を明らかにされた。本書によれば、前者は明治初年以来苦慮してきた偽作問題に決着をつけるべく、仲間年行事の保護を受けるための加入、後者は、慶応義塾出版局創設による登録変更であるとされた。そして慶応義塾出版局時代の明治五年（一八七二）より明治七年が「福沢屋」の黄金期であり、教科用図書を主としたが、明治七年から一五年の転換期を経て、ついに福沢は『時事新報』を創刊して、言論人となったとする結論を出された。

第三章は、第四章とともに、福沢の著述・出版業に最大の難問だった偽作問題、つまり著作権の確立、版権の侵害に対する救済の獲得をテーマとされた。ここで著作は、福沢の著作権思想の源泉の一つである「新アメリカ百科辞典」の原文と福沢の翻訳を比較・校合する作業を通じて、福沢が翻訳から吸収した著作権に関する知識の確かさ、深さを明らかにするとともに、福沢が当面する偽作問題にこの知識を応用して著作権擁護運動を理論武装したとされた。そこにも福沢が表面的には出版商の立場から愁訴とする形をとりながらも、実は著作権保護の法制化・実施化を中央・地方の公権力に勧告・要求する啓蒙思想家としての姿勢を堅持していたことを指摘され、福沢の人物評価としても興味深い。

第四章は、明治二年の出版条例の成立を、その規制を受ける京・大阪・東京の三都の書物仲間がどのように対応したのか、条例成立直後に書物仲間に加入した「福沢屋諭吉」が、どのように出版条例とかかわっていたかを考察された。そこでは、書物仲間のもつ規制力が公権力によって偽版取締を期待されていたとされ、また条例起草者が福沢の『西洋事情』中の著作権の法理論を参考にしていたことを指摘され、出版条例の成立に、福沢が間接的に影響を及ぼしていたとされた。

第五章は「福沢屋諭吉」が、言論人・新聞人福沢諭吉に転換する過程を、福沢が文久渡欧から帰国して以来積んできた教育・著述・出版の業績が、結合・統一されて新聞人になったとする視点の下に明らかにされた。そして福沢主宰の『時事新報』の編集方針が独立・不羈・中立にあったのは、明治一四年政変の渦中の人として辛酸をなめた体験によるもので、同じジャーナリストとして福地源一郎と比較した場合、福沢の方が識見は高かったと結論づけられた。

こうした出版人・新聞人としての福沢を出版者として、著者として、読者からみてという三つの視点から、とらえ直したのが第六章である。いわば、「福沢屋諭吉」の研究の総括にあたる。福沢の出版業は、今まで書林が独占していた製版・印刷・資材調達・製作などの権能を吸収し、書林にはただ売捌手数料をとらせるだけの販売・取次業の地位にとどめるという、今日的な出版・流通形態に近いものを採用していた。すなわち著者は福沢を近代的出版企業創始の先駆者であると位置づけた。また福沢の著者としての態度は、時代の要請を先取りし、一定の読者を対象として平易で魅力的な文章で世俗を啓蒙するものであり、このことが、福沢と読者を間接的な師弟関係におき、福沢と読者との緊密な一体感を醸成したのだとした。

以上のような福沢像を、著者が導き出し得たのは、著者が適塾や幕臣としての福沢を丹念に、確かな足取りで追究されたからにほかならない。

福沢の所論には、政治・経済・社会・文化・教育いずれを論じるさいにも、国際的視点が、国内的視点につねに複眼的に伴っているのが特徴であるが、これを含めて、上述した維新以後の「後期」福沢の人と業績の特徴は、福沢が適塾で洋学を学んだころから出発し、幕臣として外国方に勤務し、外国体験を重ねた中で形成した対外認識の軌跡と緊密に連関しているのである（三七六〜七頁）。

この短い文章の中に著者の所論が集約されているといってもよいであろう。こうした視座に立ったとき、独立した個別論文を集めた第Ⅲ部も自然に受容される。すなわち第一章は「福沢屋」生成の前史として不可欠な『西洋事情』成立に関する考察の前提として文久遣欧使節に随行した際の福沢の手控えである『西航手帳』に注目され、その蘭文記事の内容、構成、価値を明らかにされた。ただ著者も指摘されるとおり、福沢の西欧体験が西欧への開眼に至った具体的諸相を『西航手帳』のみでは十分に明らかにするには至っておらず、今後の課題である。

第二章では、文久使節がどのように西欧の人々に受け入れられていたかをオランダの現地新聞を用いて追究された。第三章では文久使節派遣に一役かんでいたシーボルトの文久元年日記（蘭文）を翻訳されて、シーボルトと福沢とのかかわりを調査され、福沢は日常の業務たる外交文書の翻訳を通じて、シーボルトの人物や国際感覚を認識し、文久使節の西欧調査業務に関しても事前に十分な理解を示していた、との示唆に富んだ指摘をされている。

以上述べてきたことをまとめると、本書は、これまで啓蒙思想家としてとらえられてきた福沢諭吉を、幕末・維新という歴史の大局の中に、近代的出版人として位置づけ、新しい「福沢屋諭吉」論を展開することに成功した福沢研究上必読の書であるといえよう。個人の伝記的研究を行うことは、ともすればその人物の顕彰に陥りやすく困難な仕事であるが、本書は、福沢の成長の過程を豊富な史料を用いて実証的に跡づけ、福沢の仕事を追体験することで、非常に説得力をもったものになっている。こうした本書の態度は、著者が自ら出版業界に身をおかれていたことと無関係ではあるまい。想像をたくましくすれば、「福沢屋諭吉の研究」は、著者の生き方と不可分に結びついていたのではないか。それゆえに、本書は、著者にして初めて成し遂げられたものだといえよう。

そして著者の出版人としてのあり方が最も如実にあらわれているのが各部の末尾に付せられた「付記」である。ここでは、著者自身によって福沢屋諭吉の研究の動機や意義・研究方法、成果が語られ、今後の課題やその研究方法まで懇切丁寧に述べられている。こうした自らの研究をおしみなく公開された著者の熱いメッセージに応えるように福沢研究がより一層発展することを期待して筆を擱く。

（A5判　五六〇頁　九八〇〇円　思文閣出版　一九八八年七月一五日刊）

小川亜弥子著『幕末期長州藩洋学史の研究』

序論
第一編　洋学の受容と展開——藩政改革における洋学の役割——
第一章　天保改革と洋学

見られるごとく、本書は明治維新の原動力の一つとして史上に特筆される長州藩の軍事力の源泉、すなわち同藩洋学のハード&ソフトウエアーの総合的研究である。前半は藩政改革と洋学のかかわりを述べ、後半は、著名な大村益次郎と、これまで地元でわずかに知られていた中島治平という二人の人物が受容した学問分野とその生涯にフォーカスする。また、補論では、万延元年に艦上で水戸藩と長州藩が連携して政治工作をする約束を交わした丙辰丸と文久三年の長州藩激派による下関海峡における攘夷決行に登場する庚申丸の建造過程を詳述する。長州藩の幕末史を洋学史研究から再検討して、新たな分野を開拓した画期的・意欲的な研究書である。以下紹介を試み、若干の私見を述べる。

まず、序論。著者は洋学史研究全体に関して、これまでの学術史・思想史的視点ばかりでなく政治史としての研究が必要であること、幕末期の洋学史研究には時局の要請による軍事科学的側面を強調する見方と「在村の蘭学」を中心とした視角があり、今後の研究はこの二つの潮流を超え、また個別事例の研究の積み重ねからも脱却すべきこと、さらに、これまで長州藩の洋学史研究は新しい成果があまり見られなかったことを指摘する。この上に著者は「幕末・維新の変革に洋学が如何なる役割を果たしたか」を最終課題として、この変革の担い手の一つである長州藩の洋学を政治史との関連でとらえる。つまり洋学史的視角から長州藩幕末史を分析するというたい、具体的には長州藩の天保改革、安政改革、その他教育機関などの分析を明示する。序論とあとがきを併せて読むと著者の研究者としての真摯な姿には心打たれるものがある。

さて、第一章では、まず、村田清風が推進した天保期の軍制改革と文教改革を記述する。前者では和流砲術でも画期的な「神器陣」の操練と高島流西洋砲術の導入が注目されるとし、導入の背景にも目配りする。後者の文教政策では支配体制再建が重要課題であったことと、萩に創設された医学稽古場・医学所での洋学採用・奨励の実態を探る。天保期に清風が実現した医学稽古場の西洋書翻訳御用掛によって弘化年間になり、海防策に有益な外国書の翻訳が積極的になされたことを明らかにした。

さらに嘉永二年（一八四九）に新明倫館開設によって医学稽古場が済生堂となり、後に医学所と合併して好生館となったこと、同館での学習方法を述べる。これらの改革の推進者清風の著作を検討して、ペリー来航以前と以後とでは彼の海防論・洋学観が変化したことにも注目する。すなわち天保期には農民の武芸を論外とした清風もこの時期以降農民の武装化を主張せざるを得なくなったこと、外圧の危機打開策を洋学に求めたことを論述する。これが次代の指導者周布政之助やその周辺に継承されていったと述べる。彼らは嚶鳴社と呼ばれる政治的結社で、清風が期待した中下層の藩士たちがメンバーであり、さらに彼らが、安政改革の優先課題、国防充実のための軍制改革に中心的役割を果たしたことを指摘。全体の導入部として第一章は実に興味深い。

前章を受けた第二章では、まず長崎海軍伝習における陸軍伝習を述べる。これは従来あまり指摘のないことで、長州藩にとって西洋銃陣を実地に習得する絶好の機会だったとする。伝習生選抜の実態を究明して嚶鳴社の来原良蔵の働きにも焦点をあて、さらに「修業をおえた伝習生に学ぶべし」との藩主の内旨が出る一方、西洋銃陣を排撃する保守派の動きも活発化したことを明らかにした。結局、周布政之助によって西洋銃陣が推進されるが、それを支えたメンバーのうちに嚶鳴社中が多く加わっていたことを指摘。かくして「村田清風の洋学振興策は、周布政之助と来原良蔵が密接に連携をはかりながら一つの核となることにより発展的に継承され」たのだとする。そしてこの西洋銃陣がいかに実践されたのかを確かな史料から解明する。このように訓練された五〇〇石以下の大組士が後に幕末長州藩の主な軍事力となる諸隊・農兵隊の司令官となることを指摘する。これは重要である。つまり外圧という危機感だけで諸隊・農兵隊が成立したのではなく、そこには長崎伝習でオランダ人から受けた西洋銃陣の知識と経験の裏づけが存在したのである。また、見島（萩の沖合一八里）の農兵による西洋銃陣習得と実践を報告する。

第三章は、安政改革期の藩の西洋兵学教育機関、博習堂の機能と役割を前章の軍制改革とのからみで述べる。安政二年（一八五五）設置の西洋学所が、その本体、医学所好生館から安政六年に独立し、さらにこれを受け継いで博習堂が成立した経緯を詳述する。博習堂の前史として西洋学所の設立過程、蔵書整備などの基礎的重要事項を押さえている。後の村田蔵六の長州藩召抱えも、この動きと連動していると位置づけた。これらを踏まえて、従来の海軍と博習堂との関連、また陸軍との関連も調べあげ、ここから博習堂の再評価を試みる。ここでも教育カリキュラムに蔵六のコミットがあったことを明らかにする。また藩政府が歩兵・騎兵・撤兵の三兵戦術書を基調に軍制改革を図るための学理研究を博習堂が担っていたことを指摘。さらに博習堂の教育内容には特に一節を割いて詳解するが、ここでは省略する。ただし、従来のこの分野では十分な研究がなかったことは指摘しておく。

第四章は山口明倫館の前史山口講堂の成立から山口講習堂への変遷過程とその実態、また明倫館直轄からさらに山口明倫館となった経緯を政治史との関連で述べる。同館は、安政軍制改革の実践の拠点で国防の人材養成機関だったと指摘する。また、越氏塾から三田尻講習堂への変遷と教育内容も併せて解明。ここで、望蜀ではあるが、「山口講堂剣館射場並検使固屋共地差図」は是非、図そのものを掲載してほしかった。さらに望蜀を重ねれば、前章の博習堂との関係を実態に即して論及していただきたかった。さらに蛇足ではあるが、長州藩と洋学の研究には独自の専門用語があり、一般にはなじみが薄い。著者には幕末長州藩の洋学と藩政改革を視点とした一般書を書いていただけたらと切望する。

第五章は、長州藩伝習生の長崎海軍伝習派遣の経過と帰藩した彼らが洋式軍艦庚申丸の建造と壬戌丸購入および洋式軍艦の航海訓練に果たした役割を再現する。また、文久三年（一八六三）の三田尻海軍局の設立によって、長州藩では同局で海軍兵学、山口明倫館兵学寮で陸軍兵学、博習堂で語学を教授する態勢が整ったとする。そして慶応元年（一八六五）三田尻に海軍学校が開設され、博習堂が同校に合併されたとし、その教育の実態に迫る。

以上第一編では主に組織的教育、あるいは教育組織の実態解明を主眼としている。第二編は対照的な道を歩んだ二人のテクノクラートを登場させ、組織の中での人物の役割を浮かび上がらせる。大村益次郎は、軍事科学を選び、中島治平は殖産興業を選ぶ。時代は大村を表舞台に押し出し、中島は歴史から忘却された。しかし著者によって新たな光が中島にも与えられたのだ。歴史学の意味を考えさせられる仕事である。

本書はこれまでその実態が十分に明らかではなかった幕末長州藩洋学を総合的に解明したもので、実証的であり、提供される歴史情報は今後も長く利用されるものである。学界にとって大変有益な書である。その上であえてない物ねだりをする。本書でたびたび登場する長州藩の海軍創設に果たした松島剛蔵を例にとれば、西洋軍事技術を学んだ彼が、つまり彼我の軍事力の差を知っていたはずの彼がなぜ攘夷決行と称して下関海峡を封鎖し、海峡通過の外国船を砲撃する「暴挙」を行っていくのか、といったミニマムではあるが、実は思想史上重要な問題に対する答えを本書から導き出すことは難しいと考える。この点に答えていただけたら幸いである。

（A5判　二七八頁　六八〇〇円　思文閣出版　一九九八年二月二十五日刊）

片桐一男著『阿蘭陀通詞　今村源右衛門英生――外つ国の言葉をわがものとして――』

洋学史研究会会長片桐一男氏の『阿蘭陀通詞　今村源右衛門英生――外つ国の言葉をわがものとして――』（以下「本書」という）が、丸善ライブラリー一四五として出版された。

阿蘭陀通詞という、主に長崎における通訳兼貿易担当官としての職務から、その人たち自身は、自らを語る史料をあまり残さなかった、そうした人々の生きざまを、本書を通じて、多くの人々が追体験することができる。

さて、本書は、まず第一章として、「阿蘭陀通詞の組織と職務」から説き起こされている。ここでは、今村源右衛門が育ったころの長崎の状況、阿蘭陀通詞がなぜ必要とされたのか、阿蘭陀通詞の組織や職務はいかなるものであったのかが、簡潔に述べられている。これにより一般の読者には、それほど馴染みのない阿蘭陀通詞という役職の基本的な知識が得られる。

ところで、これまで、一部の研究者が、阿蘭陀通詞のことを「長崎通詞」といい、学術的な施設（博物館）などの説明文でも、「長崎通詞」などと称している場合があるが、片桐氏の研究によれば、江戸の幕府天文台に詰めていた阿蘭陀通詞もいたことが明らかとなっている。また清国商人との通訳兼貿易担当官としての唐通事との区別からも「長崎通詞」という呼称は、全く適当ではない。なによりも、「由緒書」などの当時の史料に「阿蘭陀通詞」と出ていることからしても、今後は、「阿蘭陀通詞」は、やはり阿蘭陀通詞とすべきであろう。

いささか脱線してしまったが、第二章からは、いよいよ今村源右衛門の活躍が始まる。後書きによれば、源右衛門の後半生の伝記は、だいぶ以前にできあがっていたらしい。（察するに、本書第三章「阿蘭陀通詞今村家の誕生」、第四章の「シドッチ尋問と今村源右衛門」の後半部分と第五章の「御用方通詞今村源右衛門英生」および第六章「晩年の今村源右衛門英生」。）ただ、人生の転機となった出世の糸口が、史料的な制約から全く不明だったので、片桐氏の言葉によれば「前半生がさっぱりわからないために、旧稿はお蔵入りと諦めていた」とのことである。

ところが平成二年（一九九〇）一二月に東京赤坂のサントリー美術館で、「ドイツ人の見た元禄時代ケンペル展」が開催され、その展示品の中に今村源右衛門の「請状之事」があったのである。これが本書を一気に上梓させるきっかけとなった。

ところで、筆者（岩下）も「請状之事」の現物をみたが、かなり難解で、古文書学的な検討を経なければ、史料として使うのは難しいと、そのとき思ったことを思い出す。

片桐氏は、「請状之事」を丹念に調査され、平成三年二月二日の洋学史研究会二月例会で、「ケンペルと阿蘭陀通詞今村源右衛門」として口頭発表された。次いで、同年五月五日発行『学鐙』第八八巻第五号に「ケンペルとその助手今村源右衛門」を発表され、さらに手を入れられて、同年七月一日発行の『日本歴史』第五一八号に「ケンペルの助手今村源右衛門」を上梓された。さらに『洋学史研究』第八号（同年四月発行）に「ケンペルと阿蘭陀通詞今村源右衛門」を執筆されて、「請状之事」をケンペルが来日後、間もなく助手として今村源右衛門を雇い入れたときの請状であるとされた。こうして、本書の第二章「ケンペルの助手今村源右衛門」ができあがったのである。

第二章では、先の「請状之事」を懇切丁寧に解説され、そこから読み取れる誓約内容と、実際の源右衛門の働きを比較検討されて、誓約内容が守られなかったことを指摘された。そのためにかえってお互いにお互いを稗益するところが大きかったことを明らかにされた。そして源右衛門のケンペルに対する奉仕の具体例として、徳川家康がオランダに与えた朱印状を仮名書きしたこと、当時の武鑑である「江戸鑑」、厨子入千手観音、各種の地図や絵図を入手してケンペルに渡したこと、「御条目」「島原記」「大坂物語」などの翻訳に協力したことをあげられている。

第三章「阿蘭陀通詞今村家の誕生」は、まず、元禄八年の長崎出島でのオランダ語の試験で、源右衛門が抜群の成績を修めたことをオランダ商館長の日記より明らかにされ、その理由を考察されている。そして正規の阿蘭陀通詞の家格ではなかった今村家が、源右衛門の語学力で、正規の家格に上昇したことを述べられている。

第四章は、「シドッチ尋問と今村源右衛門」である。

時は、綱吉の晩年（宝永六年〔一七〇九〕正月没）にあたる、宝永五年八月二九日。ローマ法王の命を受けて、イタリア人宣教師ジョバンニ・バチスタ・シドッチが、大隅国屋久島に潜入した。月代を剃る等して、日本人に扮装したがたちまち見破られ、取り調べを受けるため、長崎奉行所まで連行された。

片桐氏が見出したシドッチ尋問「二十四箇条」によれば、シドッチは、幕府が作成した二十四箇条の尋問に対して、一箇条、すなわち、「今後シドッチのような者が来航するかどうか」という尋問に対して、完全に答えていない。こうした点などから、シドッチは、江戸に護送されて、新井白石により、再度尋問を受けることになったといわれる。

この「二十四箇条」は、片桐氏が、長崎のシーボルト記念館で史料撮影中に、偶然見出されたものである。これまで、尋問に対するシドッチの口述返答の文書である、異国人口書「十四箇条」は知られていた。それゆえに、内容は、返答書「十四箇条」から類推してきたものであるが、文言そのものは、全く知られていなかった。ここに初めて、尋問書と返答書の照合が可能となったのである。

新史料を用いた、効果的な導入により、読者は、「今村源右衛門が大きな仕事に関わることになるな」という予感をもって読み進むことになる。

江戸に護送されたシドッチは、新井白石の、都合四回にわたる再尋問を受けた。白石は、シドッチを護送してきた源右衛門ら阿蘭陀通詞を介して日本語→ラテン語、ラテン語→日本語という尋問を行ったのである。源右衛門らがどのようにラテン語を学んだのかや、尋問の様子も、本書に詳しい。

すべての尋問が終わった後、源右衛門は、大目付で宗門改の横田備中守重松より、シドッチに対する尋問書作成を命じられている。

以上のように、白石が、後に「西洋紀聞」や「采覧異言」などの海外事情研究書を作成し、後世に多大な影響を及ぼすことになるきっかけとなった、シドッチ尋問に、いかに源右衛門が関与していたのかが、この章で明らかとなる。

本書により、宮崎道生氏の新井白石論とは別の視点からの白石論を考察することができるのではないかと考える。

第五章の「御用方通詞今村源右衛門英生」では、享保一〇年（一七二五）に八代将軍吉宗の、船載品注文手続きや点検・調査、調進物の値組などを担当する御用方通詞となったこと、および御用方としていかに働いたかを詳しく解説されている。特に、洋馬の注文や、洋馬に付き添ってやってきた馬術師ケイゼルに対して、飼育や乗馬に関する吉宗の下問を聴取したり、ケイゼルの江戸出府に付き添って、その通訳を行ったこと、また吉宗の命により馬の治療書である「西説伯楽必携」を訳出したことなど、獣医学史の成果を取り入れながら詳述されている。

また、源右衛門の次女津久が、出島組頭松田金兵衛に嫁入りする一件では、阿蘭陀商館長日記を分析され、源右衛門の出島での社会的地位の高さを明らかにされた。

そして、第六章は「晩年の今村源右衛門英生」である。ここでは、ケイゼルの数奇な運命が語られ、その一方で源右衛門の二人の息子が小通詞、稽古通詞に任命されたこと、そして源右衛門の死が静かに語られている。波乱に富んだケイゼルの死との対比が斬新である。付録として「今村家略系図」「今村源右衛門英生略年譜」「今村家由緒書」が付く。参考文献も、後進にはありがたい。

以上、片桐氏の御労作『阿蘭陀通詞　今村源右衛門英生——外つ国の言葉をわがものとして——』を紹介した。本書をまとめるとすれば以下のようになる。

本書は、さまざまなチャンスをとらえ、まさに、「外つ国の言葉をわがものとして」、阿蘭陀通詞の家格にまで、それも最高職の通詞目付にまで出世した今村源右衛門の生きざまを、その、どちらかというと控えめな生涯から本人の史料そのものが少ないというハンディを乗り越えて、描ききった作品である。

（新書判　二七六頁　七〇〇円　丸善　一九九五年一月二〇日刊）

片桐一男著『開かれた鎖国』

「鎖国」といえば、日本史を学んだ人なら誰でも知っている、徳川幕府の、国を閉ざすというあの対外政策のことである。これによって日本人の島国根性とか、排他性とかが育まれたと説明されている。ところが、本書のタイトルでは「鎖国」は、実は「開かれ」ていたという。一体どういうことなのか。

本書は、「鎖国」の時代、唯一の官営国際貿易港として、オランダと中国（清）の商船が来航していた長崎を舞台として取り上げている。この手の本は、たいてい、長崎の歴史とか、あるいはすぐに貿易品の話になるのだが、著者片桐教授は、「鎖国」の概念を、当時の幕府が、それまでの外交文書を編纂・集成した『通航一覧』の構成から説明される。これは、近年の「鎖国」再考ではあまり取り上げられていないことで、難しい論理の説明とは違っていて、とても読みやすい。

その上で、オランダ船の長崎入津手続きを詳細に追求される。これもあまり触れられてこなかった問題であるが、よくよく考えれば、確かにどうやってオランダ船とほかの西洋諸国の帆船を見分けていたのだろうか。万一、水際で対処しないと大変なことになってしまうのである。事実、これに失敗してイギリス軍艦が湾内を我が物顔に走り回り、長崎奉行が引責自殺したフェートン号事件も取り上げている。詳しくは第二章を読んでいただきたい。

そして、入港のオランダ船によって長崎出島から近世社会にもたらされた、人・物・情報に言及する。長崎への入り船は、まず、乗船員名簿・積み荷目録・風説書および書簡を提出することになっていた。おもしろいことにこれらは人・物・情報に対応している。これらの史料から近世社会における日蘭のどのような交流の姿が浮かび上がってくるか。第三章を参照していただければと思う。

かくして、長崎で、貿易を行ったオランダ船は、毎年九月二〇日を期して、長崎を出帆しなければならない定めとなっていた。しかし、寛政一〇年（一七九八）のイライザ号（実は米国籍の雇船）は、長崎湾内で、強風にあおられ、座礁・浸水し、ついには、満載した積荷とともに沈没してしまったのである。日本人も、オランダ人も引き揚げを試みたが、いずれも失敗。なんぴともなし得なかった沈船引き上げを「自力を以て献金仕り度」、つまりボランティアで願い出た男がいた。防州（山口県）徳山の櫛ケ浜を拠点に活躍する海の男、村井喜右衛門である。果たして、長さ四〇メートル、幅一一メートル、九〇人乗りの大船を喜右衛門は、引き上げることができるのか。奇想天外なその方法とはいかに。第四章をご覧いただきたい。

以上のように、長崎港への「入り船」と「出船」、そして、それらにかかわった人と物と情報が、確実な歴史資料のもとに解き明かされる。本書を読むと、「鎖国」は、確かにオランダを通して世界に向かって「開かれた鎖国」なのだと思えてくる。折しも、二〇〇〇年には日蘭交流四〇〇周年を迎え、長崎では出島の復元計画が上っているという。こうしたさまざまな事業の基本文献としても、本書は読まれるべきものと思われる。

（新書判　二二二頁　六六〇円　講談社　一九九九年二月二〇日刊）

STAGE Ⅶ

情報各論

●*Summary*

ここには、江戸情報論に関する小論を集めてみた。やはりこれらの収録にあたっても特にスタンダードはない。それぞれの文章、それぞれの題材から情報に関する私の考え方を汲み取っていただけたらと思っている。

●江戸の国産ワイン（葡萄酒）

ワインブームである。近所のスーパーでも内外のいろいろな銘柄のワインをかなりのスペースで置くようになった。書店にはワインに関する本があふれている。しかし、ワインの歴史をきちんと書いている本は少ないようである。せっかくなので、今日は、国産ワイン（葡萄酒）がいつごろから製造され始めたのかをお話ししたいと思う。

通説では、明治三年（一八七〇）、甲府に建設された共同醸造所で作られたものが最初の国産ワインだといわれている。しかし、私が別の用件で見ていた史料（徳川林政史研究所「事蹟録」）には、次のようなことが書かれていた。

すなわち、江戸時代前期の正保元年（一六四四）のこと。幕府老中酒井忠勝が、参勤交代で帰国する途中の尾張藩主徳川義直に「日本製の葡萄酒」を贈与したというのである。どうやら、かの三代将軍家光が、叔父義直の道中無事を祈念して酒井を使者に贈ったものらしい。

また、当時は薬として葡萄酒が飲まれていたようでもあるし、ブドウが薬として食べられていたこともわかった。早速、考証して論文にし、さらに『権力者と江戸のくすり』（北樹出版）に収録した。

反響があった。日本ソムリエ協会の名誉会長浅田勝美さんは、ワインの醸造は難しいので、この時代には醸造できなかったのではないか、また、醸造技術に関する史料が残っていないので、それだけの技術はなかったのでは、と否定的な見解を示した。

それに対して私は、葡萄酒はもっとも原始的なお酒で醸造できないことはない。また、職人たちは、自分たちの技術情報を文書にして残すことはない、文書に残したら自分たちの生活が脅かされるからもともと残らない、と反論した（『朝日新聞』名古屋版一九九八年三月二十七日）。浅田さんからの反反論は今のところない。

いずれにしても正保元年には、「日本製の葡萄酒」が存在したことはやはり事実として動かしがたい。それよりも、わざわざ「事蹟録」の筆者が「日本製の」と断ったところに注目したい。これがただの「葡萄酒」だったら記録にも残らなかったかもしれないし、記録されたとしても「ふーん」で終わっていただろう。「日本製の」と書いてくれたからこそ注視したのである。

この当時、国産ワインはとても珍しかったのだろう。日本全体でみれば、わずかな量ではあるが、オランダを経由してワインは入ってきていた。浮世絵なんかでも裕福そうな女性がワイングラスをもっているモチーフがある。輸入ワインは貴重には違いないが、全く入手できないわけではなかった。だからそれと同じ味の国産ワインができたことがすごかった。贈答品にもなったのである。国産ワインは輸入物よりももっと貴重で価値ある贈答品だったのだろう。それゆえにわざわざ「日本製の葡萄酒」としたのだと思う。

なにげないわずかな修飾語もここではすごく意味をもってくるのである。最近、小学生の子供たちに接することがあるけれど、まず驚かされるのは、彼らの言語は、なんの脈絡もなく唐突に単語だけを並べてくることである。例えば、「おやじ、金。」こっちは「え」、である。

仲間内ではそれでいいが、会社などに入ったときのことを考えると「苦労するだろうなぁ」と人ごとながらも心配になる。後世に残る的確な修飾語をつけろなどとまではいわないが、せめて聞く人の身になって言葉を、情報を発してもらいたい。でないと、おじさんたちはますます宇宙人と話をしているように思ってしまう。

ワインからとんでもない方向に話がずれてしまった。体にいいからとついでに飲んだワインをどうやら過ごしてしまったらしい。

●寺院領の訴訟沙汰——江戸の訴訟断章

寺院領の訴訟沙汰に関して、以下にごく大まかなイメージを書いてみたい。

基本的には幕府領でも大名領でも旗本領でも寺院領でも、村は一応の自治権（中世の地下検断の流れを汲む）を認められていたので、同一村内の村人同士の争い（民事でも刑事でも）は村内で処理することが原則だった。したがってその村の庄屋（東日本では名主）と組頭など村のおもだった者が当事者の間に入って調停をする。これを「内済」という。隣村と自村との村人の争いでは双方の庄屋が調停するが、難しい場合は、これらいくつかの村を束ねる大庄屋が行う。大庄屋は同一領主の村々の中で最も重要な村の庄屋が兼ねることが多い。したがってあくまでも農民であって、武士ではない。ただし、中世には武士だった場合も多かったようである。大庄屋が動く場合も「内済」が原則である。それでもだめなら領主にもっていく。一応寺院にも寺侍と称して、領内の支配向きを担当する武士が雇われていた。僧侶ではなく寺院に雇われた二本差しといったところである。禄あるいは扶持、役料、役金などをもらっていた。場合によっては治安維持にも出動もした。この寺侍が争いの調停をする場合もまず当事者間の「内済」を原則とした。それでもだめなら裁定を下す。この決定に不服な場合は、領主である寺院の最高権力者そのものへ訴え出るということになる。もし、それでもだめなら江戸の寺社奉行に出訴となる。庄屋も大庄屋も寺侍も寺社の最高位の人間も、そうなるとかなりわずらわしいので寺社奉行への出訴は阻止したろうと思われる。

同一村内の村人の争いでも、隣村との争いでも「内済」が成立しなければ、上記のように領主へと提訴することになる。その場合、同一領主であればその領主、あるいは寺社奉行に提訴すればよいのであるが、寺院領と旗本領というように別領主だったりすると大変面倒なことになる。この場合は多くは幕府の評定所に持ち込まれることになると思われる。江戸に出なければならないのである（寺社奉行の場合も、幕府寺社奉行に訴え出るならば、江戸に出ることになる）。旅費・滞在費用はすべて自弁である。とはいっても村全体で分担する場合がほとんどであろう（つまり出訴する場合は経済的裏付けが必要）。だから、江戸時代は「内済」が多いのである。

ところで、他領の人間が村に入り込んで事件を起こした場合は捕まえて、武装解除し、まず庄屋が詮議し、どうすべきか大庄屋に相談し、領主あるいは寺社奉行に突き出すことになろう。現在のように一律に警察が出動するわけではない。

いずれにしても、中世のようにかなり強力なものではないが、村内の警察権は村がその一部をもっていたのが江戸時代なのである。

●江戸、不幸の口コミ

小学校高学年のころ、不幸の手紙の葉書版をもらった。何日か以内に同じ文面の葉書を何人かに出さないと不幸が訪れるという内容だった。こわくて、こわくて、とにかく葉書を手に入れ、友だちに出してしまったと思う（受け取った人、ごめん）。言い訳になるが、そのころの私は、大変こわがりで、「三時のあなた」というタイトルだっただろうか、今でいうワイドショーで「刑務所から囚人脱獄！」などというニュースが報じられると家中の窓の戸締まりをして歩く子供だった。だから不幸の手紙は、出さないと本当に不幸になりそうで、とてもこわかった。

最近読んだ小池壮彦「だれが『不幸の手紙』を始めたか」（学研『ムー』二二六号）は、そんな私の体験の記憶を呼び戻してくれたし、なかなか興味ある事実を発掘してもいて、おもしろかった。小池氏は編集部に寄せられた一通の不幸の手紙を紹介し、それをもらった場合、日本人ならではの特別な感情を抱くという。まず、その感情の前提として、江戸時代の口コミによる不幸の噂の伝播があり、この土壌の上にヨーロッパ起源のいわゆる「不幸の手紙」が大正時代に花開いたのだとする。そして、不幸の手紙が流行する背景には怨霊信仰、言霊信仰があると主張している。

大変興味深いリポートではあるが、私の専門、江戸情報論、つまり江戸の口コミの部分は今少し説明を要する。例えば、文化一〇年（一八一三）五月中旬に「南の空に出現した星を見た者は必ず死ぬ」という噂が流れて人々を恐れさせたこと、「この災いから逃れるためには牡丹餅をこしらえて食わなければならない」という解決策がまことしやかに言い触らされたこと、翌年には「今年は世界がほとんど滅亡する年である。この災難を逃れるためにはもう一度正月を祀らなければならない」という噂が流れて、世間の人々はあわてて餅をつき、門松を立てたことなどが紹介されている。

この事実を原史料に溯って調べてみると、さらに興味深いことがわかった。まず江戸の古本屋藤岡屋由蔵が記した『藤岡屋日記』（以下『日記』）によれば、文化九年九月常陸国で八歳の少女が男子を産んで江戸でも大評判になったが、その少女が死んで星となった。その星の形が人から位牌、蝶の形になり幽霊星と呼ばれた。この星を見るとたちまち死んでしまうので餅米を八合牡丹餅にして屋根に備え、残りを食べれば難を逃れるとの噂が広がり、江戸中の餅米が売り切れたという。『日記』によると、幽霊星の図まで売られていて、さらにそこに「天が下の神の御末の人なれば、行合星のたたりあるまじ」などの歌が記され、この絵を見て歌を貼っておけば難に遭わないと書かれていたという。これらを藤岡屋は「馬鹿が咄し也」「（幽霊星が）飛行候を誰見たる者も無之」とし、「時々の異意流行和漢共ニ多く」ありとしている。藤岡屋のコメントはもっともである。ところで一番興味深いのはこの噂の流布と人々の行動によって江戸中の餅米が払底したことである。この噂で一番得したのは……米屋。そして一番損したのは蕎麦屋らしい。石塚豊芥子が町中で流れていた情報を収集して記録した『街談文々集要』によるとこの悪星咄のオヒレに「蕎麦を食べると死ぬ」という流言がついたので、六月にはなんと廃業する蕎麦屋がかなりの数に上ったという。そしてこの咄（はなし）は七月になって止んだとも書かれている。「人の噂も七十五日」の諺は正しいのだ。

実は、この噂が流布する直前の文化九年、つまりあの八歳の少女が子供を産んだ年は、全国的な豊作だったために年末から翌一〇年になっても米価が下落を続けていたのである。そうすると餅米払底は、米屋とか米を換金して生活をする武士たちにとっては朗報だ。しかし餅米の量が全体の生産量に占める割合はそれほど多くないだろうから、この口コミで米屋が一番儲かっただろう。米価下落に悩む米屋の周辺から流れた噂のように思われる。餅米八合などという具体的な数量が喧伝されているのもなんだか怪しい。さらに蕎麦屋が廃業すると外食産業では「めしや」が盛る。そこでは米が食べられる。ますます米屋が怪しいのである。正月を二度祝う行事に関して豊芥子は「世上ニかかる妄言を触るる事、往古よりままあり、是を信じて金銭を費す事、愚なることと言べし」とコメントしている。

要するに江戸では、口コミュニケーションが実に発達していて、人々は大変噂話に左右されやすい状況にあった。そして噂を流す背景には金銭的な利害がからんでいたこと、噂に躍らされて金を浪費することを知識人層は批判的にみていたこと、いってみれば口コミが危険視されていたことなどなどが理解できる。以上のようにみてくると恐ろしい噂や「不幸の手紙」などはなんの根拠もないことが理解できる。やはり「不幸の手紙」は出すべきではなかった。しかし、このことを小学生が理解するのは難しかろう……と、またまた言い訳をしてしまうのである。

●徳川慶喜の実像を求めて

『私記』に新しい発見

かつて私は、名古屋市東区の蓬左(ほうさ)文庫で「慶喜公御言行私記」(以下「私記」と略称)という古い記録を見せていただいた。調べてみるといろいろと新しい発見があった(詳細は徳川林政史研究所『研究紀要』三三号、一九九八年)。

「私記」は、最後の将軍徳川慶喜の言動を、側近の平岡円四郎が書き留めたものの写し。全編、慶喜が知・徳・体のすべてを兼ね備え、如何(いか)に立派で武家の棟梁(とうりょう)つまり将軍として、ふさわしいかが述べられている。そうした傾向を差し引けば、割合よく史実と符合し、信頼できる部分も多い。「私記」が作られたのは、安政四(一八五七)年秋頃(ごろ)。平岡に記録を依頼したのは、福井藩主松平慶永(春嶽)である。

当時、彼は「慶喜をどうしても十三代将軍家定の跡継ぎにしたい」と頑張っていた。平岡の草稿を短くしたり、言い回しを変えたりして、同年の一一月に、慶喜を毛嫌いする老中に対し「慶喜さんはこんなにすばらしい人なんだよ」との意味を込めて、そして願いを込めて、「橋公略行状」とタイトルを付け替えて配ってみた。

〝危険な証拠物〟残る

劣勢は覆せず、翌年、紀州藩主の徳川慶福（一四代家茂）が跡継ぎに決定して、慶永の運動は失敗に終わる。そればかりか、慶永をはじめ、慶喜の父徳川斉昭、慶喜の従兄弟で尾張藩主徳川慶勝、そして慶喜も処罰されてしまう。世にいう「安政の大獄」である。一橋派弾圧のこの時期に、慶喜を称賛し将軍の跡継ぎにと待望している「橋公略行状」やその草稿の写しである「私記」などをもっていては、それこそ一橋派一味とみなされる。所持しているだけで処罰されかねない危険な証拠品だった。

それでこれらの記録類は歴史から葬り去られた。所持していた老中の家などでは、火の中に投じたこともあっただろう。しかし、平岡の草稿の写し（「私記」）は、どうにかこうにか尾張徳川家だけに残った。その後は、慶永の息子で、明治になって尾張家に婿養子として入った徳川義親が、昭和初期に設立した財団法人徳川黎明会に伝えられ、太平洋戦争後に名古屋市蓬左文庫に移管された。父慶永の思いの証を息子義親が保存し、今も名古屋市民が受け継いでいるということになろう。

見ごたえある展示品

さて、一九九八年という年には、慶喜の展覧会が各地で開かれた。私も吸い寄せられるように見に行ったことを覚えている。新しい発見があるのを期待して。同年七月一七日から蓬左文庫のお隣の徳川美術館で開かれた「将軍慶喜と徳川家の人々」もドキドキわくわくする発見がいっぱいで目が離せないものだった。八〇点あまりの展示品は、徳川美術館、水戸の徳川博物館、東京の徳川林政史研究所、久能山東照宮などからよりすぐったもので、どれも見ごたえがあったので、限られた紙面ではとうてい紹介できるものではない。慶喜の少年時代の書に非凡さを見た。斉昭の謹慎中の裃(かみしも)の汚れに謹慎の苦労を偲(しの)んだ。長崎から入ってくる限られた海外情報を分析して日本の行く末を案じた一橋派の危機感を「阿蘭陀(おらんだ)機密風説書」に思った。

家茂の直筆の手紙も

かつてはライバルとみられた将軍家茂が、慶喜に送った直筆の手紙もあった。「京都は長州藩が不穏な動きをしているというので心痛している。尾張前大納言（慶勝）にも同じように自筆で次のような手紙を送ったので、よくよくご相談のうえご尽力下されたくお願い申し候」と自書。家茂は、この二人をよほど信頼していたようだ。当時の将軍の私信が公開されたことも珍しければ、存在していたこと自体も実に興味深い。また慶喜や慶勝の写真から彼らの人となりをうかがうのもおもしろい。大政奉還後、静岡に引退した慶喜の生活ぶりに思いをめぐらす書画や手作りの刺繍(ししゅう)懐紙入れなども陳列されていた。

史料はなによりもその人の実像を物語るようだ。事実は小説よりも奇なり。

●徳川義親の英断――徳川黎明会の創設

徳川慶勝（よしかつ）の子義宜（よしのり）は、明治八年に、惜しくも一八歳で亡くなった。再び慶勝が尾張家を相続したが、高松松平頼聡（よりとし）の二男義禮（よしあきら）を慶勝の娘婿に迎え、同一三年に義禮が当主となる。そして義禮の長女の婿として迎えられたのが、旧越前福井の松平春嶽（しゅんがく）の五男義親（よしちか）である。

義親は、太平洋戦争前は、陸軍青年将校・右翼によるクーデター未遂事件である三月事件に資金を提供したり、戦後は日本社会党の結成に参画したり、名古屋市長に立候補したり、また北海道八雲で熊狩を行い、マレーでは「虎狩の殿様」として勇名をはせた。しかし、なによりも、私財のほとんどを寄付して財団法人徳川黎明会を創設したことは、当時としては異例のことで、今日からすれば最も評価されるべき事績である（もちろん太平洋戦争初期、日本軍に占領されたシンガポールに最高軍事顧問として赴任し、ラッフルズ博物館改、昭南博物館の館長に就任、島の文化遺産を保護して、自然科学の諸研究を行ったことも特筆すべき実績である）。

昭和六年一二月三日の「財団法人尾張徳川黎明会設立趣意書」には、尾張家に伝世の美術品・古書籍は「永ク個人トシテ死蔵スベキニアラザルヲ以テ今回財団法人ヲ設立」したと高らかにうたい、名古屋に美術館を、雑司ケ谷に文庫を、それまで荏原町小山にあった生物学研究所を雑司ケ谷に建設することを明記している。同年同月一四日、文部大臣鳩山一郎によって財団法人として許可された。その後、徳川黎明会は、太平洋戦争中は美術品や史料を信州伊那に疎開させて戦火から守り、また戦後の激動をよく耐えた。現在は、名古屋に徳川美術館、東京に徳川林政史研究所、財団総務部の三機関を擁している。徳川美術館は、わが国最大規模を誇る近世大名道

図Ⅶ-1　徳川義親と名古屋叢書編纂のメンバー　目白蓬左文庫前。昭和16年5月8日撮影。徳川黎明会は蓬左文庫、歴史学研究室を擁していた。中央の両腕を前に組んだ人物が義親である。（徳川林政史研究所所蔵）。

具コレクションを保存・研究し、その展示は高い評価を受けている。また徳川林政史研究所は、尾張徳川家の古文書・史料（写真資料を含む）類を保存し、高水準の林政史・近世史・近代史の研究を行っている。

さらに、財団からの定期刊行物として、史学美術史論集『金鯱叢書』、徳川林政史研究所『研究紀要』がある。

●幕末の横浜——遊郭造成と「くるわ」に身を沈めた女性たち

横浜のJR京浜東北線関内駅を降りて市役所を過ぎると横浜スタジアムが見えてくる。平成一〇年（一九九八）は「横浜ベイスターズ」の優勝で大いに沸いた場所だ。スタジアムのあるこの場所には、今から約一四〇年前、港崎（ミヨサキ）遊郭（コウザキ）が繁盛していた。その中で最も大きく、豪華で、その主人がこのあたりの町の名主も務めていたのが、岩亀楼だった。有吉佐和子作の戯曲『ふるあめりかに袖はぬらさじ』（文学座）の歴史的舞台である。

この港崎遊郭は、幕府の肝入りで作られた。もともと幕府が外国と結んだ条約の上では開港場は神奈川宿に造成されることになっていたのだが、人通りの多い東海道の宿場町では、外国人とのさまざまなトラブルが生じることが懸念された。幕府は、異国から流入する人と物と情報を管理するためにも、寒村横浜の村人を現在の元町方面に追い払い、巨大な出島を造成した。横浜は長崎出島をモデルにしていたのである。

ところで、長崎には貿易相手のオランダ人や中国人を接待する丸山遊郭があった。幕府は、貿易の管理だけではなく外国人との性交渉をも管理したのだ。さらに、丸山遊郭は、悪所ゆえに入り込む犯罪者を密告する義務もあった。犯罪防止のためにも遊郭が存在したといえよう。当然のごとく新しい開港場横浜にも当初より遊郭の造成計画が、幕府の強力な主導のもとに進められた。

幕府の呼びかけに応じたのは、神奈川宿、品川宿、江戸日本橋、下総のそれぞれ五人。幕府は五人に対して、現在スタジアムのある場所、当時は太田屋新田といった湿地帯一万五〇〇〇坪を下げ渡し、五人共同で開業に至る経費を分担することを命じた。しかし当初の見込みは大幅に狂い、経費が膨大となったので、品川宿の岩槻屋佐七以外は脱落してしまった。結局、横浜開港期日の安政六年（一八五九）六月二日には間に合わなかったが、幕府は、仮設の遊郭を駒形町に造り、神奈川宿の飯盛り女を強制的に送り込んだ。外国人を相手にするのはいやだと拒む女たちを引き立ててまでも、横浜を繁盛させようという幕府の意気込みがうかがえる。それから五か月後、港崎遊郭は誕生した。遊郭の周りは堀で囲まれ、横浜居留地からは、一本道の土手通りを、両側にさまざまな店を見ながら北上して大門をくぐる構造になっていた。佐七の店は岩亀楼といい、造成の功により佐七は町名主に任命されたのである。

さて、岩亀楼は、一階から二階まで吹き抜けになっていて、中庭にかけられた橋が舞台となっていた。浮世絵などで見るとこの舞台では「胡蝶の舞い」などが舞われていた。二階からもこの舞台を見ることができた。有名なのは、部屋いっぱいに扇の意匠をあしらった扇の間。ほかにも竹の間、鶴の間、松の間など、それぞれビードロ（硝子）のシャンデリアを吊るし、ぜいたくな材料を惜し気もなく使っていた。岩亀楼は、地方から横浜見物にやってきた「お上りさん」のあこがれの場所で、昼間は料金を払うと見学できた。そのためみんな早起きをして岩亀楼に駆けつけたという。

万延元年（一八六〇）の「港崎細見」によると一五軒の遊女屋、四四軒の局見世、二七軒の案内茶屋があって、遊女は五七〇人いたとされる。それから五年後の元治二年（一八六五）には、遊女はなんと一〇〇四人に増加していた。これからみても港崎遊郭が大いに繁盛していたことがわかる。

どんな人たちが遊女になったのか。これに応える確実な史料は少ない。しかし一人だけ紹介しよう。武州（東京都）荏原郡の、某村の「おたき」さんである。

おたきさんは、貧しい百姓の子供に生まれた。そのままいけば同じ村か隣村あたりの同じような貧しい村の若者と結婚し、村の女として一生を終えるはずだった。ところが彼女が大変美しかったのか

どうか、御三家の一つ紀州徳川家の家臣高梨祐三郎という
れっきとした御武家さんと結婚することになった。彼女が
二二歳のときである。ところが、幸せは長く続かなかった。
七年後の元治二年、「心得違い」があったとして離縁され、
彼女は村に戻ってきた。しかし既に実家には居場所もなく、
父親は年来の病気がちに加え、大病の後で薬にも事欠く有
り様。おたきさんは父親の薬代として身売りされ、横浜の
港崎遊郭に身を沈めた。それから一〇か月後の慶応二年
(一八六六)一〇月二九日、土手通りの鉄五郎の店から出火。折からの西風にあおられて火は遊郭に
飛び火し、さしも繁栄を誇った岩亀楼をはじめ数々の建物が烏有に帰した。郭の内にいた人々は我先
に逃げ出したが、なにしろ唯一の出入り口、大門の方から火が押し寄せたので、逃げ惑い、煙に巻か
れ、焼け死んだり、窒息死したりした。また、堀割に戸板や畳を投げ込んで、それを頼りに堀割に飛
び込んだ者もいたが、ほとんどが泳げずに溺死した。港崎の死者は四百数十人に上ったというが、そ
の中にはおたきさんもいた。かくして港崎の地は公園となり、遊郭は吉田町に移転した。
今、横浜スタジアムの傍らの日本庭園の中に、「岩亀楼」と彫られた石灯籠だけがひっそりと立っ

図Ⅶ-2　岩亀楼の石灯籠

ている。

●閉講の言葉

すべてのモノには歴史がある。どんな社会にも、集団・団体にも、個人にも歴史がある。歴史は、その社会なり、民族・国家・企業なり、個々人物なりの記憶である。記憶があるからそれらは、彼らは生きて行くことができる。私たちは、今日をそして明日をその記憶を無意識に生きる糧として使っているのだ。記憶がなかったなら一秒たりとも正常でいることはできない。記憶喪失の場合を考えればおよそ察しがつく。

記憶は、つまり歴史は、その社会・個人の最も大切な、そしてその社会・個人を、そのものたらしめる、かつ明日を全うに生きて行くための大事なものなのである。

ところで記憶には、記憶を呼び起こす「よすが」がいる。それが、史料だ。史料は、本来、社会や集団の営みの中で作成され、授受され、蓄積された膨大な数のモノの中のわずかに残った、ほんの一部である。万物は流転する、あるいは、形ある物はなくなるというが、これらわずかに残った史料も、実に不安定な存在で、時とともにしだいに失われて行くものなのである。しかし、記憶が、歴史が大切なものであるならば、その記憶の、歴史の「よすが」となる史料も大切なものであることはいうまでもないことだ。ここに史料保存の重要性があるといえよう。

結局のところ、その社会や集団が永続を望むならば、また個人が、自分の思想なり精神なりの永遠を望むならば、自分たちが受け継いだり、また、作ったりした史料や資料を次の時代にも確実に伝えて行かなくてはならない。過去の資料、今使っている資料を大切にしないのは、自分たちの社会が別に長く続かなくてもよいと思っているのに等しい。たとえ個人としての肉体は滅びても、その人の資料が伝えられれば、彼や彼女の思想や精神は後々に伝えられるのである。

古い時代は、例えば江戸時代の徳川将軍家を例に取れば、創業者家康の事績は「東照宮御実記」として後世に伝えられ、家康の数々の遺品、例えば一度袖を通しただけの衣類、愛用の薬などまでが、御三家をはじめ関連する家々に残されて現在にも至っている。そうした家々は、これがあることで、家康につながる一族としての他氏族との区別や、アイデンティティを獲得し主張し、かつまた伝えようとするのである。こうして家そのものは続いていこうとするのである。

さて、江戸時代の主人公は、徳川家だったといえる。現代は民主主義の時代で、国民一人一人が主人公だとされている（実際にはあまりそれを自覚してはいないが）。本当に主人公であったかどうか、後の世の人々に知ってもらうためにも、自分たちが過去から受けついだ資料や自分たちの社会がつくり出した資料を残すことは実に大切である。そして、そうした仕事に携わることができたら、今回学んだことを少しでも思い出していただけたら望外の幸せである。いやそうした仕事に携わらずとも、今回ここで皆さんが学んだことは、事あるごとに蘇り、皆さんに今を、そして未来を生きるヒントを与えてくれるものと信じている。

おわりに

暗い闇は、トンネルは、今もまだ続いている。光が見えない。後戻りしても十分なヒントが得られたかどうか心もとない。

しかし、少なくともわれわれの祖先は、一度失敗しても精一杯努力して、言語対応さわやかに、チャンスを活かして、並み居る権威を退けた。江戸にいる弟から政治情報を入手して分析し、来るべき世をしっかりと見据えていた。情報収集と分析と活用の手段を閉ざされても「異国」への関心をもち続けていた。

そして、幕府は海外情報を管理統制したが、それを永遠に続けるのは難しかったし、水野忠邦もすぐに情報の本質がわかったわけではなく、その情報管理には落ちもあった。なによりも、情報を政治の道具に使うという愚かさをもち合わせていた。ただ特筆すべきは、香港を実際に見た日本の漁師は事の本質を見抜いていた。戦争は悲惨であると。

また、海外に関心をもっていた学者たちの西洋認識は、決して通り一遍のものではなく深いところまで突いているものもあった。が、しかし、どこでどうなったのか。全体として思想的な深まりを欠いていた。海軍伝習にみられるように、西洋の進んだ技術の習得のみに力点がおかれ過ぎたのであろう。早く近代化するためにはやむを得なかったともいえる。

ただし、「異国ぶり」を示す「土産版画」に心の潤いを求めた多くの庶民がいたことも事実であったし、西洋学術の粋を集めた写真を使って、幕末の記録写真を残そうとした大名もいたのである。彼らの後世への、われわれへのメッセージをそれらの写真から読み取らねばなるまい。

近年、全国的に有名ではなくても後世に語り継ぐべき地域の歴史的人物に関心がもたれている。また、自分のルーツを探ることも盛んになってきた。日本もやっと文化的に余裕が出てきたともいえる。こうした活動を支える記念館や博物館、資料館、史料館、図書館、文書館などが建設・運営されている。しかし、今日の経済状況のもとでどこも苦しいと聞く。私たちはこうした施設を物心両面から支援して行かなくてはならないだろう。そうでなければ、私たちはますます暗い闇のトンネルに吸い込まれてしまうと思う。こうした施設こそが、実は私たちを暗闇から救い出してくれる、トンネルから後戻りさせてくれるのである。そのための具体的な処方箋である歴史的な資料（史料、歴史の情報資源）を何世代にもわたって保存してくれるものだからである。私たちだけではなく、私たちの子孫のためにも。

註

I―1

（1）「藤岡屋日記」より原文を引用しよう。

○　文化十癸酉年の頃なるか、

元鳥越明神うしろ裏店住居按摩取青柳玄順出世之事

医学館多紀安元弟子ニ而青柳玄順といへる者なりしが、若気の誤りにて師匠の勘気を蒙り、無為方裏家住居にて按摩取致しけるが、或日例の如く御蔵前を笛を吹通りけるが、森田町伊勢屋久次郎方ニ而呼込けるが、身なり余り見苦敷むさくろしき故ニ若旦那の療治ニ出る事ならず、然る処ニ二番と頭金兵衛気の毒ニ思ひ、幸我等かたも張候間療治致させけるニ、中〻功者ニ而きゝ、道も宜敷間、金兵衛も少〻医道ニ心懸有ければ医術の咄しニ相成、段〻問ひ懸けるが一ツとして答へずと言事なし、金兵衛も我を折て感心致し、亦〻明日も療治相頼よしにて返しけり、玄順翌日来り金兵衛之按摩致し、又〻医道之咄致し候処、奥ゟ尋有之、昨日の按摩功者ならバ奥江通すべしとの事ニ而通し見候処、誠ニ見苦敷躰ニ候間、虱のたかる事を恐れて前掛を出して懸させ、たすきを懸させて療治致させける処、功者ニ而身なりこそ悪けれ共、元が御殿医の弟子成ば言語応対さハやかにして、貴人といへ共恥敷からず、且又軍書好ニ而咄しけるに、玄順一ツとして知らぬ事なし、是ゟ毎日〱療治ニ来る故ニ、金兵衛ハ医学の弟子ニなり、旦那江は取入ける故ニ、出入医師も大家の事成バ余多有之候得共、見世者風邪之節抔ハ此玄順ニ薬をもらせ、是ゟ出入ニ相成ける、其時文治郎といへる若者、玄順方江旦那ゟ言付り宿見ニ参り候処、めも当られぬ有様成共、旦那江宜敷様取成ける故ニ出入ニなりしとて、玄順後ニ御殿医ニ成候得共、此恩ハわすれずとなり、是文治郎の咄しなり。

右森田町蔵宿伊勢屋久四郎家内は三十五六人之暮しにて、下女も六人在、此本店ハ天文原伊勢屋四郎兵衛とて家内六十人暮しニて、女も廿人有之、然ルニ、麹町三丁目角質屋ニ而伊勢や伊兵衛娘、当家へ嫁入致せし処、今度懐妊致しける、至てひへ症ニて煩ひける、出入医師ハ申に及ばず、御殿医迄に見せける処、懐妊ニあらず血のかたまりなる故ニ下さんと言けり、然ル処ニこの咄しを玄順聞て、其病人見度由、旦那ニも金兵衛ニも咄しける処、御殿医迄来ル処江按摩取之其元参り候共中〻見せまじと云ふ、玄順さにあらず、御殿医は来る計りニ而も壱貫文宛支度代ニ懸り候得共、我等参り候而も纔三十二文之按摩也、何卒病人之脈躰を見度由、金兵衛も不断医論致しけるニ明らか成バ、見せ候共苦敷かるまじと主人江もすゝめ、両人同断(マヽ)(道)にて本店江玄順を連行ける、あまり身なりわるき故ニ金兵衛が木綿着物を貸遣し、黒縮緬の切れし羽織を引懸て、天文原へ急ぎ行けり、斯て四郎兵衛宅へ至り、番頭庄兵衛井庄五郎対面致し、金兵衛玄順が医道功者成事を咄し、脈躰うかゞひ度よし申候間、物ハためしニ候間、御見世被下候様申けれバ、此節之事故番頭両人ハ早速承知し、奥江話しける処、按摩故ニ不承知之処、此節之事ニ候得ば至而番頭進メける故、先ハ玄順を病床江通しける、然ルニ其日も歴〻之御医師方相詰居ける処にて、玄順おめず臆せず脈躰を伺ひ申けるハ、是正懐妊也といふ、其座ニ詰居ける柴田・水谷の歴〻を始皆〻血のかたまりと言し事成バ、懐妊ニあらず血のとゞこほり故下さんと云、玄順は妊身なれバ補薬を用んと云故ニ双方胎論となりし処、玄順が申処理の当然なれ共、悲しき哉、按摩取なり、相手ハ御殿医の歴〻なれバ外医者迄も是ニ付故ニ、家内も二分ニ成て薬鍋も二ツニて、こちらわ煎て呑せんと言て、こちらをせんじて呑せんと云、此時庄兵衛・庄五郎といへる番頭罷出て申けるハ、玄順老の申如く懐妊なれバ、我等談合にて二人扶持付べし、若血のかたまり成バ如何致すと尋けれバ、玄順申様、我が見立違ふニおゐてハ我一生がゐ家来(業カ)をやめて此所を通るまじと言けれバ、番頭御医師方ニ向ひ、各〻様方ハ如何ニ候哉と申けれバ、我〻とても若懐妊ニ候はゞ当家へ出入を致すまじと言ける時、番頭申ける、若血のかたまりにて候時も各〻方は大勢之事成バ扶持方ハ進じ難し、御礼ハ進ズべしと断り、斯而薬用の段ニ成ける処、玄順ハ生さんとなれバ是吉也、御医師方は殺下さんとなれバ是凶也、善を捨て悪を取いわれなしと番頭両人理解ときし故ニ家内上下共ニ屈伏致し、玄順が薬を用ひける処ニ、三日程過て雪隠ニ而急ニ安産致しけるが、初の内ニおろし薬を用ひし故ニ小児死しけり、斯て大勢之医師方ハ一言の申訳も無之、皆〻出入はあがりけり、玄順壱人之高名ニ相成て、伊勢四郎ゟ二人扶持にて、本家別家共壱人にて出入ニ相成、是ゟ出世之小口ニ相成けり、右之手柄故ニ両家ゟも手当を致し、早速鳥越之表江出しける処ニ、近辺ニ而之評判ニ、青柳玄順ハ耆婆遍(扁)鵲が再来なりと申ふらしける故ニ、毎朝之薬取は門前ニ市をなし、商人迄出ける程之賑わひに相成、此事江戸中ニての評判と成ければ、日あらずして公儀御目見江医師ニ相成けり。

以前玄順按摩取ニて出入之始、見世之者ニ薬をもりけるが、其頃ハ按摩ニ而薬種之所持一向ニ無之、脈を見て薬法を書付ニ致し、猿屋町堺屋金兵衛といへる薬種屋にて調合致させ用ひさせし身が、今時至りて御殿医となる事ハ前代未聞之事共なり。

(『近世庶民生活史料藤岡屋日記』第一巻、三一書房、一九八七年)

(2) 原文は当時の言葉で書かれている。以下では一部引用しながら、現代文に要約し、注釈も施した。また文中に現代社会では不適切な用語を使用することがあるが、単に歴史上の用語として使っていることを了解されたい。

I—二

(1) 東京大学明治維新史研究会・宮地正人編『幕末維新風雲通信——蘭医坪井信良家兄宛書翰集』(東京大学出版会、一九七八年)。

(2) 日付、人物の経歴、年齢等は同右書によって考証した。

(3) 佐渡家にはこの戯画は残されていないので(宮地正人氏の御教示による)、国立国会図書館所蔵の「あづまにしき絵集」のうちの「難病療治」および東京都立中央図書館所蔵「きたいな名医難病療治」を使用した。

(4) 南和男「嘉永期の浮世絵と江戸の評判」『浮世絵芸術』三六、一九七三年、のち同『幕末江戸の文化——浮世絵と風刺画』(塙書房、一九九八年)所収。

(5) 同右、七〜八頁。

(6) 吉原健一郎氏も『江戸の情報屋』(日本放送出版協会、一九七八年)一一九頁で、『藤岡屋日記』を用いて「難病療治」に触れられている。
(7) 『原色浮世絵大百科事典』(大修館書店、一九八〇年)。
(8) 同右、一三六頁。
(9) 大槻如電「上臈姉小路」『名家談叢』第三二、三三、三三号、一八九八年。なお同論文に関しては宮地正人氏の御教示にあずかった。
(10) 同右『名家談叢』第三一号一頁。
(11) 註(1)、三二~三三頁。
(12) 『維新史料綱要』巻一(東京大学出版会、一九八三年覆版)一三九頁、嘉永二年二月五日条。
(13)(14)(15) 高用茂廣校注『見聞略記――幕末筑前浦商人の記録』(海鳥社、一九八九年)三六頁。
(16) 鈴木棠三、小池章太郎編『近代庶民生活史料藤岡屋日記』第四巻(三一書房、一九八八年)一六五~一七〇頁参照。
(17) 同右、一〇一頁。
(18) 同右、一五〇~一五一頁。
(19) 岩下哲典「幕末風刺画における政治情報と民衆」大名慎三郎編『近世日本の文化と社会』(雄山閣出版、一九九五年)。のち、岩下哲典『幕末日本の情報活動――「開国」の情報史』(雄山閣出版、二〇〇〇年)に所収。
(20) 註(1)、三三~三五頁。以下「坪井によれば」などと記述したものはすべて註(1)の書よりの引用である。
(21) 註(3)の「あづまにしき絵集」。以下「戯文」は同史料よりの引用であるが、漢字等の字句を補った。
(22) 註(16)、一三五頁。
(23) 斎木一馬、岩沢愿彦校訂『徳川諸家系譜』巻一(続群書類従完成会、一九七〇年)一一四頁。

(24)(25)(26) 註(22)に同じ。
(27) 黒板勝美・国史大系編修会編『続徳川実紀』第二篇(吉川弘文館、一九八二年)五〇九、六五三頁。
(28) 註(12)、二五五頁。
(29) 註(16)第三巻、六二四頁。
(30) 註(22)に同じ。
(31) 橋本博編『改定増補大武鑑』中巻(名著刊行会、一九六五年)八七八、九〇七頁参照。
(32) 深井雅海著『徳川将軍政治権力の研究』(吉川弘文館、一九九一年)三七七頁参照。
(33) 今まで、坪井の比定が正確かどうか根拠を示さずきたが、久須美以外は正確であると考える。詳しくは註(19)参照。
(34)『藤岡屋日記』第三巻五七三〜六三四頁の各月用番記載記事参照。
(35) 註(19)参照。
(36)『藤岡屋日記』第三巻、三八七頁参照。
(37) 洞富雄訳『ペリー日本遠征随行記』(雄松堂出版、一九七〇年)二〇八頁。
(38) 註(1)、三五頁。傍点は岩下による。
(39) 宮地正人「幕末の情報収集と風説書」『文献史料を読む・近世』週刊朝日百科日本の歴史別冊(一九八九年)四七頁参照。
(40) ただし、坪井は、母親にしばしば合巻本を送っているので(註(1)の宮地正人氏による「解説」四四九〜四五〇頁)、戯画は母親への贈与品とも考えられる。
(41) 多くの研究があるが最近の研究を掲げておく。太田富康「ペリー来航期における農民の黒船情報収集」『埼玉県立文書館紀要』第五号、同氏「幕末期における武蔵国農民の政治社会情報伝達」『歴史学研究』六二五、小林文雄「近世後期における『蔵書の家』の社会的機能」『歴史』第七六輯の引用文献を参照されたい。他に本稿と関連する研究では、本山幸彦「幕末期における民衆の意識と行動」『京都大学教育学部紀要』XXX、鎌田道隆「幕末における国民意識と民衆」『奈良大学紀要』第一六号、後藤重巳「幕末期における長崎情報の伝達」『別府大学史学論叢』二〇号、青木美智男「ペリー来航予告をめぐる幕府の対応について」『日本福祉大学経済論集』第2号、岩下哲典「開国前夜の政局とペリー来航予告情報」『日蘭学会会誌』第三〇号、高部淑子「幕末期京都町人にとっての情報」『論集きんせい』第一三号、南和男「幕末諷刺画の流れ」『たばこと塩の博物館研究紀要』四、同『江戸の風刺画』（吉川弘文館）、同『幕末江戸の文化』（塙書房）、同『幕末維新の風刺画』（吉川弘文館）など。

付記：本稿を作成するにあたっては、青山学院大学教授片桐一男氏、東京大学史料編纂所教授宮地正人氏より数々の御教示をいただいた。史料の閲覧にあたっては国立国会図書館の宮地哉恵子氏、同館古典籍資料室の方々、また東京都立中央図書館特別文庫室の方々に大変お世話になった。記してお礼申し上げたい。

Ⅰ—三

（1）「落日庵句集」尾形仂・丸山一彦校注『蕪村全集』第三巻（講談社、一九九二年）一八八頁。
（2）ツュンベリー著・高橋文訳『江戸参府随行記』平凡社、一九九四年）一五九頁。
（3）沼倉延幸「関白鷹司政通とペリー来航予告情報」『青山史学』13（青山学院大学史学研究室、一九九二年）。
（4）青木美智男「漂流民は異国と自国で何を期待されたか」『争点　日本の歴史』5（新人物往来社、一九九一年）。
（5）国立国会図書館蔵「広告研究資料」。
（6）徳川林政史研究所蔵「不尋録」。
（7）池内敏「近世後期における対外観と『国民』」『日本史研究』344（日本史研究会、一九九一年）、のち、同『近世日本と朝鮮漂流民』（臨川書店、一九九八年）に所収。
（8）岩下哲典「開国前後の日本における西洋英雄伝とその受容」『洋学史研究』10（洋学史研究会、一九九三年）、同

『江戸のナポレオン伝説』（中央公論新社、一九九九年）

(9)『藤岡屋日記』第四巻（三一書房、一九八八年）一二三五頁。

(10) 岩田みゆき「大久保家の黒船情報収集について」『歴史と民俗』2（平凡社、一九八七年）および宮地正人「幕末の情報収集と風説留」『文献史料を読む・近世』週刊朝日百科日本の歴史別冊（一九八九年）を参照。

(11) 註で掲げた以外に次の①②③を参照した。
①中村質「初期の未刊唐蘭風説書と関連史料」『日本前近代の国家と対外関係』（吉川弘文館、一九八七年）。
②宮地哉恵子「幕末期における海外情報の受容過程」『参考書誌研究』39（国立国会図書館、一九九一年）。
③片桐一男「オランダからの『風説書』と舶載品」『日本の近世』6（中央公論社、一九九二年）。

Ⅱ―一

(1) 松本英治「北方問題の緊迫と貸本『北海異談』の筆禍」『洋学史研究』第一五号（洋学史研究会、一九九八年）。

(2) 岩下哲典『江戸のナポレオン伝説』（中央公論新社、一九九九年）参照。

Ⅱ―二

(1) 日蘭学会・法政蘭学研究会編『和蘭風説書集成』下巻（吉川弘文館、一九七九年）一九五頁。

(2) 松井洋子論文『江戸の危機管理』（新人物往来社、一九九七年）参照。

(3) 勝部真長・松本三之介・大口勇次郎編『勝海舟全集』一五（勁草書房、一九七六年）六～九頁。

(4)『和蘭風説書集成』上巻、三七～三九頁、片桐一男「和蘭風説書解題」による。

(5) 岩下哲典『幕末日本の情報活動――「開国」の情報史』（雄山閣出版、二〇〇〇年）に所収。

(6) 御庭番梶野平九郎の風聞書、深井雅海『徳川将軍政治権力の研究』（吉川弘文館、一九九一年）所収。

(7) 川路寛堂編述『川路聖謨之生涯　全近代文芸資料復刻叢書第八集』（世界文庫、一九七〇年）六〇頁の史料を意訳。

（8）横浜開港資料館蔵小笠原文書。前掲『幕末日本の情報活動』所収。なお、同史料の所在は小池慶子氏の示教による。
（9）梶輝行「高島流砲術の形成と展開」岩下哲典・真栄平房昭編『近世日本の海外情報』（岩田書院、一九九七年）。
（10）小野正雄「大名のアヘン戦争認識」『日本通史』第一五巻（岩波書店、一九九五年）。
（11）小文で扱えなかった情報管理に関する基本的枠組みやタームは、前掲岩下・真栄平編『近世日本の海外情報』を参照されたい。

Ⅱ—三
（1）岩下哲典・真栄平房昭編『近世日本の海外情報』（岩田書院、一九九七年）所収。
（2）石山洋「ネーデルランツセ・マガセイン」「玉石志林」日蘭学会編『洋学史辞典』（雄松堂出版、一九八四年）。
（3）両史料の詳細は、岩下哲典「阿片戦争情報の新・考察——幕府における情報の収集・分析、鷹見家資料から——」古河歴史博物館紀要『泉石』第三号（古河歴史博物館、一九九五年）参照。のち岩下哲典『幕末日本の情報活動——「開国」の情報史』（雄山閣出版、二〇〇〇年）に所収。
（4）小野正雄「大名のアヘン戦争認識」『日本通史』第一五巻（岩波書店、一九九五年）。
（5）嶋村元宏「下田におけるハリスの政策」『一九世紀の世界と横浜』（山川出版社、一九九三年）。
付記：本稿の漂流民に関する記述は、相田洋「近世漂流民と中国」『福岡教育大学紀要』第三十一号第二分冊を参考とさせていただいた。本文献をお送り下さった相田氏にお礼申し上げるとともに仲介の労をとって下さった小川亜弥子氏にお礼を申し上げたい。

Ⅲ—一
（1）高野長英「和寿礼加多美」（佐藤昌介校注『崋山・長英論集』岩波書店、一九七八年）二二一頁。
（2）小関三英。名は好義または信義。通称良蔵。篤斎あるいは学斎と号した。字は三栄、後、三英と改む。天明七年（一七八七）羽州鶴岡で、荘内藩足軽組組外の弥五兵衛の次男として生まれ、藩校で漢学を学んだ後江戸で吉田長淑や馬場佐十郎から蘭学を学んだといわれる。文政六年（一八二三）に仙台藩医学校教授に就任するが、二年後職を辞し帰郷。文政一〇年、三英四一歳の夏、再び出府して吉田塾同門の湊長安や幕府医官桂川甫賢の屋敷に寄寓しながら、もっぱら蘭学三昧の生活をおくっていた。天保二年（一八三一）には田原藩年寄で画人の渡辺崋山と相識の間柄となり、崋山の蘭学研究グループの一員になった。翌年岸和田藩医、天保六年には幕府天文方蕃書和解御用を命ぜられ、三英の蘭学は広く世に認められた。しかし崋山らとの交流と三英の卓越した蘭学は、三英を尚歯会の有力メンバーとせしめ、ついには天保一〇年の三英の自害と蛮社の獄といった悲劇的状況をもたらしたのであった。

以上は山川章太郎「小関三英とその書簡」一～五（『文化』五巻の三、四、六、七、八所収）、杉本つとむ編著『小関三英伝』（敬文堂、一九七〇年）、佐藤昌介著『渡辺崋山』（吉川弘文館、一九八六年）、今泉源吉著『蘭学の家桂川の人々』続巻（篠崎書林、一九六八年）などを参照。

（3）　国立国会図書館所蔵の『那波列翁伝　初編』全三巻によれば、第一巻は三五丁で一七六九年のナポレオン誕生から一七九六年のイタリア戦役の中途まで、第二巻は、一七九九年のブリュメール一八日のクーデターまでを四五丁で綴り、第三巻は一七九九年の第一執政に就任してより一八〇二年のアミアン和約までを二〇丁で記して終わっている。

（4）　例えば大久保利謙氏は『日本近代史学史』日本歴史文庫（白揚社、一九四〇年）で江戸時代の西洋史研究の意義づけを行うくだりで次のように述べておられる。

江戸時代の西洋史研究が然らば、日本歴史の研究に何等かの影響を及したか。この点に就て吟味を要するが私はまず無いと思ふ。（中略）又当時輸入された西洋史学そのものも別して高度のものでなく通俗書が多かったと思ふから特に我国の史観を動す程のことはなかったと思ふ。その裏には前掲の高野長英の断片や、箕作阮甫の訳書に若干この種の知識が見ゆるが、もとより普及されたものではない。(二二〇～二二一頁)ここでは、三英は全く取り上げられてはいない。また小沢栄一氏は『近代日本史学史の研究』幕末編(吉川弘文館、一九六六年)において三英の歴史研究に言及して「三英に結実をみなかった西洋歴史の研究は、しかしついで三英の後任として蛮書和解方に任用された箕作阮甫によって続行された」(三一八頁)と述べられた。

(5) 『国立国会図書館所蔵　個人文庫展――西欧学術の追求――展示会目録』(国立国会図書館、一九八二年)参照。

(6) 鮎沢信太郎著『山村才助』(吉川弘文館、一九五九年)、二八〇頁。この件に関して私見を述べておきたい。国会図書館本『訂正増訳采覧異言』四巻には三英の按文以外にも筆者不明ながら、欄外に一ヶ所按文がみられ、さらに「鳥海本タウ子キ」とか「門叶本タウル子キ」あるいは「異本皆北作此」などといった書き込みが二四ヶ所にわたってみられる。このことから本書は単に回覧されたのではなく尚歯会の同志によって校訂が行われていたと考えられる。『訂正増訳采覧異言』の完成は享和二年(一八〇二)とされているから、それから三〇年余の後、写本の異同が出るのはやむを得ないところであろう。その写本の異同を諸本の校合から検討していることは蛮社グループの性格上興味をそそられる。

(7) 今来陸郎編『中欧史』(山川出版社、一九七一年)、二三二頁。

(8) 同右。

(9) 同右、二七〇頁。

(10) 以下の記述も多くは同右二四二～二五四頁によった。

(11) 村川堅太郎、江上波夫他編『世界史小辞典』山川出版社、一九六八年四九一頁。

(12) 前掲『中欧史』二四八～二四九頁。

(13) 註(1)に同じ。

(14) 註(4)で掲げた『近代日本史学史の研究』幕末編で小沢氏は「ただ三英の西洋歴史関係の訳述は、次節に別掲の『那波列翁伝』しか伝存しないから、それらがどのようなものであったかわからない」（三二四頁）とされている。なお三英のナポレオン研究に関しては、岩下哲典『江戸のナポレオン伝説』（中央公論新社、一九九九年）参照。

（15）前掲『山村才助』一七一頁。

（16）三英の西洋史研究上欠くべからざる『鋳人書』や『那波列翁伝』、また三英以降、西洋史研究を行った箕作阮甫、杉田成卿などについては別稿で論じてみたい。

Ⅲ―二

（1）佐藤昌介・植手通有・山口宗之校注『渡辺崋山・高野長英・佐久間象山・横井小楠・橋本左内』日本思想大系55（岩波書店、一九七一年）。

（2）岩下哲典「開国前夜の政局とペリー来航予告情報」『日蘭学会会誌』第三十号（日蘭学会、一九九一年）。のち、岩下哲典『幕末日本の情報活動――「開国」の情報史』（雄山閣出版、二〇〇〇年）に所収。

（3）陳舜臣『実録アヘン戦争』（中央公論社、一九七一年）。

（4）岩下哲典「アヘン戦争情報の伝達と受容」『明治維新と西洋国際社会』（吉川弘文館、一九九九年）、前掲『幕末日本の情報活動』に所収。なお本書Ⅱ―三参照。

（5）中野礼四郎編『鍋島直正公伝』第三、（侯爵鍋島家編纂所、一九二〇年）。

（6）池田晧編『日本庶民生活史料集成』第五巻「漂流」（三一書房、一九六八年）三〇五～四四〇頁所収「東航紀聞」。

（7）本書Ⅱ―三参照。ＮＨＫ取材班『堂々日本史』第三巻（ＫＴＣ中央出版、一九九七年）三七頁写真版。

（8）長崎県史編集委員会『長崎県史』対外交渉編（吉川弘文館、一九八六年）。以下同書によるところが大きい。

（9）小川亜弥子『幕末期長州藩洋学史の研究』（思文閣出版、一九九八年）。以下同書によるところが大きい。

（10）註に明記した以外の参考文献を以下に掲げる（編著者五十音順）。

安達裕之『異様の船――洋式船導入と鎖国体制』平凡社選書一五七（平凡社、一九九五年）。

安藤良雄・古島敏雄編『流通史Ⅱ』体系日本史叢書一四（山川出版社、一九七五年）。

岩下哲典・真栄平房昭編『近世日本の海外情報』（岩田書院、一九九七年）。

岩下哲典「尾張藩主徳川慶勝自筆写本『阿蘭陀機密風説書』の研究」『金鯱叢書』第14輯（徳川黎明会、一九八七年）。

大阪港振興協会『Sail Osaka '97 公式記録集』（舵社、一九九七年）。

片桐一男『開かれた鎖国』（講談社、一九九八年）。

佐藤昌介『洋学史の研究』（中央公論社、一九八〇年）。

杉本勲編『近代西洋文明との出会い――黎明期の西南雄藩』（思文閣出版、一九八九年）。

園田英弘『西洋化の構造――黒船・武士・国家』（思文閣出版、一九九三年）。

中谷三男『海洋教育史』（成山堂書店、一九九八年）。

中西洋『日本近代化の基礎構造』上（東京大学出版会、一九八二年）。

日通総合研究所編『日本輸送史』（日本評論社、一九七一年）。

沼倉延幸「開国前夜、長崎における海外情報の収集伝達活動について」『書陵部紀要』第47号（宮内庁書陵部、一九九六年）。

藤井哲博『長崎海軍伝習所』（中央公論社、一九九一年）。

Paul Bishop: TALL SHIPS AND THE CUTTYSARK RACES; Aidan Ellis Publishing, 1994.

Ⅳ――

（1）森永種夫校訂『続長崎実録大成』（長崎文献社、一九七四年）。

（2）大谷貞夫「享保期の治水政策」『関東近世史研究』第10号（関東近世史研究会、一九七八年）。

（3）小川恭一編『寛政譜以降旗本家百科事典』第一巻（東洋書林、一九九七年）。
（4）『諸向地面取調書』第二冊（汲古書院、一九八二年）。
（5）日蘭学会編『長崎オランダ商館日記』一～六（雄松堂出版、一九八九―九五年）。
（6）山本博文『鎖国と海禁の時代』（校倉書房、一九九五年）。
（7）小堀桂一郎『鎖国の思想』（中央公論社、一九七四年）。
（8）片桐一男『開かれた鎖国』（講談社、一九九七年）。
（9）長崎県『長崎県史』対外交渉編、（吉川弘文館、一九八六年）。
（10）「長崎版画」の利用のされ方については岩下哲典、松本英治「明海大学図書館所蔵『魯亜船渡来一件』について」『明海大学教養論文集』Ｎｏ．10を参照されたい。
（11）梶輝行「長崎聞役と情報」岩下哲典・真栄平房昭編『近世日本の海外情報』（岩田書院、一九九七年）。
（12）古河歴史博物館編『鷹見家歴史史料目録』（古河市教育委員会、一九九三年）。
（13）永用俊彦「近世後期の海外情報とその収集――鷹見泉石の場合」前出『近世日本の海外情報』所収。以下の記述は同論文によるところが大きい。
（14）岩下哲典「嘉永五年・長崎発『ペリー来航予告情報』をめぐって」前出『近世日本の海外情報』所収。
（15）岩下哲典「地域の歴史をどのように叙述するか」『明海大学教養論集』第九号（明海大学、一九九七年）。
（16）小野忠秋『小野光賢光景記念館』（小野光賢光景記念館、一九九四年）。
（17）横浜開港資料館が編集し、横浜開港資料普及協会が一九九一年に発行した。
（18）西川武臣「解説」横浜開港資料館『横浜町会所日記』（横浜開港資料普及協会、一九九一年）。

Ⅳ―二

（1）本稿のおもな参考文献を一括して掲げておく。ジャン＝A・ケイム著・門田光博訳『写真の歴史』白水社、一九七二年。小沢健志「日本の写真史」ニッコールクラブ、一九八六年、片桐一男「薩摩藩移籍と川本幸民の写真撮影成功」『洋学史研究』第一一号、洋学史研究会、一九九四年。また以下はいずれも著者岩下哲典、刊行年代順。「徳川慶勝の写真研究と撮影写真（上・下）」徳川林政史研究所『研究紀要』第二五・二六号、徳川黎明会、一九九一・一九九二年／「尾張徳川家の江戸屋敷から東京邸への変遷について」同上『研究紀要』第二七号、徳川黎明会、一九九三年／「研究ノート・尾張徳川家の江戸屋敷・東京邸とその写真」同上『研究紀要』第二八号、徳川黎明会、一九九四年／「改革指導者の思想的背景――徳川慶勝の書斎、直筆「目録」の分析」『季刊日本思想史』第四三号、ぺりかん社、一九九四年。

V―二

（1）正確には故郷は塩尻市北小野であるが、辰野町小野も故郷なのである。それは、第二の故郷などというものではなく第一の故郷と第二の故郷の間、一と二分の一の故郷といってもよい。その理由は本書V―一参照。

（2）辰野町立小野図書館。

（3）小学校高学年になってやっと「テレビがわが家にも来た」が、当時はやっていた「仮面ライダー」は、放送チャンネルがUHFだったので、残念ながら見ることができなかった。それで、自転車で一〇分くらいのY君の家に見せてもらいに行った。そういえば、Y君の家は蚕を飼っていたので、「仮面ライダー」といえば、蚕を思い出す。それから蚕といえば「仮面ライダー」を思い出すのである。当時、私の地区では桑畑がかなりあった様に記憶する。つまり養蚕をやっていた家がまだあったようだ。ついでにいえば、かつて両小野地区は、第二の岡谷といわれたように養蚕と生糸生産がたいへん盛んに行われていた。今でも古老はかつて映画館が二、三軒あったことを自慢話にしている。

（4）筑摩書房の社名は、古田の出身地である北小野地区の旧名筑摩地村という村名に由来している。現在、大出の古田の生家は、古田晁記念館として公開されている。開館日が限られているので、塩尻市教育委員会に問い合わせられたい。

（5）小野光景については堀勇良「小野光景」横浜開港資料館編『横浜商人とその時代』（有隣堂、一九九四年）を参照されたい。

（6）現在の塩尻市・辰野町組合立両小野国保病院。今でも土地の人々は「両小野病院」とはいわずに「小野病院」と呼んでいる。先に記述した院長殺害事件のあった病院である。

（7）現在の辰野町・塩尻市小学校組合立両小野小学校。現校舎の設計者は、北小野出身の東京工業大学教授青木志郎氏（『両小野小学校組合立三十周年記念沿革誌』両小野小学校、一九八三年）。校歌の作詞者は亀井勝一郎、作曲者は團伊玖磨である。

（8）JR中央本線塩尻駅から小野支線で小野駅に着く。国道だと153号線沿い。中央自動車道長野線岡谷インターか塩尻インターあるいは伊北インターいずれでもよい。

（9）小野光賢・光景記念館は、辰野町小野上町。開館日は不定期。直接お問い合わされたい。電話番号は、〇二六六―四六―二〇〇一。

（10）本稿を作成するにあたっては、小野光賢光景記念館館長小野忠秋先生、辰野町・塩尻市小学校組合立両小野小学校教頭伊藤雅之先生に、大変お世話になった。記してお礼申し上げたい。

初出一覧

はじめに　新稿

Ⅰ

一　新稿

二　「江戸より到来した歌川国芳の風刺画」『地方史研究』第二三四号、地方史研究協議会、一九九一年

三　「海外情報はなぜ民間に漏れたか」『新視点　日本の歴史』第五巻、近世、新人物往来社、一九九三年

Ⅱ

一　「近世における『海外情報』の管理・統制と北方問題」『歴史手帖』第二一巻六号、名著出版、一九九三年

二　「海外情報の収集と対策」山本博文編『江戸の危機管理』新人物往来社、一九九七年

三　「開国前夜の日本における香港・阿片戦争情報と返還前夜の香港」『歴史海流』第三巻二号、海越出版社、一九九七年

Ⅲ

一　「小関三英のオランダ史研究」『洋学史研究』第七号、洋学史研究会、一九九〇年

二　「長崎海軍伝習から海の国・日本へ」日本航海学会編『海と船の文化と技術』一九九八年

Ⅳ

一　新稿

二　「幕末の記録者・徳川慶勝の生涯と写真」宮地正人監修『将軍・殿様の撮った幕末明治』新人物往来社、一九九六年

三　新稿、ただし『将軍・殿様の撮った幕末明治』の関係文章を再構成して、加筆

Ⅴ

一　「信州小野盆地の記念館・資料館設立ブームによせて」『地方史研究』第二六四号、地方史研究協議会、一九九六年を改稿。

二　新稿、ただし「回想・図書館と自分との間にあったもの」『一夏会報』第四七号、鶴見大学図書館司書講習、

一九九七年がもとになっている。

Ⅵ

「島根のすさみ」樺山紘一編『世界の旅行記一〇一』新書館、一九九九年
「高付」新稿
「『長崎奉行所関係文書調査報告書』」『洋学史研究』第一五号「わが町の蘭学資料」特集、洋学史研究会、一九九八年
「長尾正憲著『福沢屋諭吉の研究』」『福沢諭吉年鑑』第一六号、福沢諭吉協会、一九九〇年
「小川亜弥子著『幕末期長州藩洋学史の研究』」『日本歴史』第六一一号、日本歴史学会、一九九九年
「片桐一男著『阿蘭陀通詞今村源右衛門英生』」『洋学史研究』第一二号、洋学史研究会、一九九五年
「片桐一男著『開かれた鎖国』」『青山学報』第一八三号、青山学院、一九九八年

Ⅶ

「国産ワイン（葡萄酒）」『教育新聞』第一九八五号、一九九八年
「江戸の寺社領」新稿
「江戸、不幸の口コミ」月刊『言語』第二八巻四号、大修館書店、一九九九年
「徳川慶喜の実像を求めて」『中日新聞』（夕刊）一九九八年七年二二日
「徳川義親の英断」宮地正人監修『将軍・殿様の撮った幕末明治』新人物往来社、一九九六年
「幕末の横浜」『ふるあめりかに袖はぬらさじ』文学座、一九九九年
「閉講のことば」新稿
おわりに　新稿

あとがき

本書は『江戸情報論』と題して、既発表の、どちらかというと一般向けに書いた小論と一部未発表の文章をタイトルに沿う様にそれらしく並べてみたものである。大学の教養教育のテキストとして利用することを目的としている。ここ十何年間かは「情報」に関心をもって書いてきたので、それぞれ、テーマ的には分散しているが一応「情報」という概念でくくることができた。しかし、一書とするために全体にわたりかなり大幅に手を入れた（それでも重複箇所があることをお許しいただきたい）。

ところで、これからも「情報」は私をとらえて離さないだろう。なぜなら闇はまだまだ深いからだ。さらによりよい続編を書けたらとこれからも精進したい。

さて、本書に図版を掲載させていただいたり、小文の再掲載をご許可いただいた関係各位に深くお礼申し上げる。

また、松本英治氏には全体にわたって貴重な御助言を賜わったし、今回も北樹出版の福田千晶さんにはすべてにわたり大変お世話になった。記してお礼申し上げたい。

岩下　哲典（いわした　てつのり）

1962年　長野県塩尻市北小野生まれ
1981年　長野県伊那北高等学校卒業
1985年　青山学院大学文学部史学科卒業
1994年　青山学院大学大学院博士後期課程単位修得（満期退学）
徳川黎明会総務部学芸員、日本学術振興会特別研究員、徳川林政史研究所研究協力員、鷹見家資料学術調査団調査員、青山学院大学文学部非常勤講師などを経て
1997年　明海大学経済学部専任講師
2001年　博士（歴史学）青山学院大学
2002年　明海大学経済学部助教授
2003年　明海大学大学院応用言語学研究科助教授（兼担）
2004年　国立歴史民俗博物館客員助教授
明海大学ホスピタリティ・ツーリズム学部開設実施委員会委員

専門領域　歴史学（日本近世・近代史）

著　　書『近世日本の海外情報』（真栄平房昭氏と共編、岩田書院）
『権力者と江戸のくすり』（北樹出版）
『江戸のナポレオン伝説』（中央公論新社）
『徳川慶喜　その人と時代』（編著、岩田書院）
『幕末日本の情報活動』（雄山閣出版）

E-mail: CYY01600@nifty.ne.jp

江戸情報論

2000年4月20日　初版第1刷発行
2004年10月15日　初版第2刷発行

著　者　岩　下　哲　典
発行者　登　坂　治　彦

・定価はカバーに表示　　印刷　メディカピーシー／製本　富士製本

発行所　株式会社　北樹出版

〒153-0061　東京都目黒区中目黒1-2-6　☎(03) 3715-1525(代表)
FAX (03) 5720-1488　E-mail: hokuju@tky3.3web.ne.jp

ISBN4-89384-754-6
（落丁・乱丁の場合はお取り替えします）